GLOBALIZAÇÃO E DESEMPREGO

PAUL SINGER

GLOBALIZAÇÃO E DESEMPREGO
DIAGNÓSTICO E ALTERNATIVAS

Copyright © 1998 Paul Singer
Todos os direitos desta edição reservados à
Editora Contexto (Editora Pinsky Ltda.)

Projeto gráfico
ABBA Produção Editorial Ltda.

Diagramação
ABBA Produção Editorial Ltda.
Texto & Arte Serviços Editoriais

Capa
José Luis Juhas

Revisão
Rose Zuanetti
Regina Machado
Texto & Arte Serviços Editoriais

Dados Internacionais de Catalogação na Publicação (CIP)
(Câmara Brasileira do Livro, SP, Brasil)

Singer, Paul, 1932 - 2018
Globalização e desemprego: diagnóstico e alternativas /
Paul Singer. – 8. ed., 1ª reimpressão. – São Paulo :
Contexto, 2023.

Bibliografia
ISBN 978-85-7244-093-6

1. Desemprego. 2. Economia mundial. I. Título.

98-0642   CDD-331.137

Índice para catálogo sistemático:
1. Desemprego: Trabalho: Economia   331.137

2023

Editora Contexto
Diretor editorial: *Jaime Pinsky*

Rua Dr. José Elias, 520 – Alto da Lapa
05083-030 – São Paulo – SP
PABX: (11) 3832 5838
contato@editoracontexto.com.br
www.editoracontexto.com.br

Proibida a reprodução total ou parcial.
Os infratores serão processados na forma da lei.

SUMÁRIO

Introdução 7

1. Globalização, precarização do trabalho
e exclusão social 11

2. São Paulo: desindustrialização, exclusão social
e políticas que revertam estas tendências 34

3. A exclusão social sob duas óticas 59

4. Desigualdade e exclusão social no Brasil 84

5. Uma solução não capitalista para o desemprego 118

6. Economia solidária: geração de renda
e alternativa ao liberalismo 126

Introdução

O impacto da globalização está se fazendo sentir de forma cada vez mais forte e difusa. A sua recepção inicial foi marcada pelo entusiasmo otimista, mas com o correr do tempo este foi sendo substituído pelo temor e pelo desencanto. O mundo globalizado tornou-se mais aberto e receptivo, mas, além das novidades consumíveis, o exterior está nos mandando quebra de empresas, corte de postos de trabalho e crises financeiras.

Este livro trata de um destes impactos da globalização sobre o nosso país: o acentuado crescimento do desemprego desde 1990, quando abrimos o mercado interno às importações. Os capítulos 1, 2 e 4 são estudos empíricos que mostram o desemprego como uma espécie de ponta de um *iceberg* muito maior, qual seja, a deterioração das relações de trabalho. Esta deterioração não pode ser atribuída unicamente nem principalmente à abertura do mercado. É que junto com a abertura, nossos governos desregulamentaram o comércio externo e o sistema financeiro, extinguiram o controle dos preços e criaram uma âncora cambial para estabilizar os preços que tornou o Brasil dependente de maciças entradas de capital externo. O resultado conjunto destas mudanças estruturais tem sido a elevação do desemprego e do subemprego em todas as suas formas e o agravamento da exclusão social.

A exclusão social e as possíveis soluções para ela é o tema dos capítulos 3 e 4. Aqui se contrastam as duas concepções básicas que polarizam o debate político e a investigação científica há mais de um século: o individualismo e o estruturalismo. O individualismo como concepção de mundo e da sociedade desemboca naturalmente no liberalismo. Este revolucionou as sociedades ocidentais no século passado, impulsionado pelos avanços da revolução industrial, e depois entrou em declínio quando crises e guerras mundiais liquidaram os fundamentos do *laissez-faire*. Entre 1933 e 1973, o "keynesianismo" e o estado de bem-estar social modificaram o funcionamento do capitalismo, ensejando um período de pleno emprego e crescimento acelerado sem crises, que a memória coletiva retém sob o rótulo de *anos dourados*.

Hoje, são as diversas modalidades de estruturalismo – o marxismo e o keynesianismo – que estão em ocaso. Sem crises e guerras mundiais, os fundamentos do Estado previsor e redistribuidor estão sendo derrubados e em seu lugar uma nova edição do *laissez-faire*, sob o signo da globalização, está sendo erigida. O debate revigorou-se, mas perdeu em clareza tanto quanto ganhou em empolgação. Por isso, parece-me importante contrapor em sua inteireza as concepções extremas, "puras" no sentido de não contaminadas por concessões ao ponto de vista contrário. Na realidade, os que hoje sustentam estas concepções em sua pureza são vistos, corretamente, como radicais e sectários. Eles não servem como guias para a ação prática, mas indubitavelmente ajudam-nos a entender as implicações lógicas de posições que em geral estão longe de ser evidentes.

Não é pecado misturar concepções, combinar elementos de uma e de outra para alcançar uma visão mais equilibrada do mundo. Afinal, o indivíduo existe e tem recebido, na sociedade hodierna, cada vez mais autonomia e responsabilidade. Mas não dá para desconhecer que este indivíduo, cujos gostos e preferências ganham cada vez mais respeito e respeitabilidade, continua sendo formado na convivência com os outros, recebendo da sociedade não só conhecimentos mas também critérios morais, éticos e estéticos. E, além disso, o indivíduo continua dependendo dos outros para satisfazer todas as suas necessidades. Sua autonomia social e política continua essencialmente limitada por esta dependência econômica.

Tal discussão liga-se diretamente à possibilidade de se resolver contradições do capitalismo – entre as quais avulta a exclusão social – mediante o planejamento central da economia. O relacionamento entre Estado e mercado ou entre o público e o privado se funda nestas concepções opostas, hoje tanto quanto no tempo em que a Princesa Isabel assinou a Lei Áurea. Mesmo os que se inclinam ao individualismo dificilmente podem ignorar que a pobreza e a exclusão social – a perda do acesso à divisão social do trabalho e de seus produtos – cassam os direitos individuais de suas vítimas. Por outro lado, os que estão próximos do estruturalismo não desconhecem que a desejável garantia da inclusão social não poderá ser instituída mediante o sacrifício destes mesmos direitos.

As reflexões e as propostas nos dois últimos capítulos deste livro pretendem enfrentar este dilema. Trata-se de eliminar o desemprego e a exclusão social nos quadros do capitalismo mas contra os princípios e a lógica de seu funcionamento. A exclusão social é inerente ao capitalismo. Ela foi significativamente atenuada pelos implantes socialistas do sufrágio universal, da barganha coletiva, da legislação do trabalho e da previdência social pública e universal, que o movimento operário e seus aliados conquistaram neste século. Mas nesta quadra da história o capitalismo apresenta o que pode ser uma rejeição orgânica destes implantes (exceto o sufrágio universal). O que exige repensarmos o enfrentamento da exclusão social em novos termos.

A economia solidária não é uma panaceia. Ela é um projeto de organização socioeconômica por princípios opostos ao do *laissez-faire*: em lugar da concorrência, a cooperação; em lugar da seleção darwiniana pelos mecanismos do mercado, a limitação – mas não eliminação! – destes mecanismos pela estruturação de relações econômicas solidárias entre produtores e entre consumidores. O projeto cooperativo já é antigo, ele foi originalmente concebido como alternativa socialista ao capitalismo industrial. Foram inúmeras as tentativas de colocá-lo em prática. Fico tentado a acrescentar: tendo a maioria fracassado. Mas o que é o fracasso? As colônias cooperativas de Owen nunca funcionaram por mais do que alguns anos, o mesmo sendo verdadeiro para muitas outras. Mas os *kibutzim* em Israel estão na terceira geração, a vigorosa indústria formada por centenas de cooperativas em Mondragón, no país basco, já tem mais de 40 anos.

O fato é que a história do cooperativismo é riquíssima em experiências bem-sucedidas e ainda hoje uma parcela nada desprezível da indústria, sobretudo da agricultura e de alguns serviços, segue seus princípios. Isto permite sustentar que a economia solidária é a mais importante alternativa ao capitalismo neste momento histórico, por oferecer uma solução prática e factível à exclusão social, que o capitalismo em sua nova fase liberal exacerba. Mas, para que esta possibilidade se realize, é preciso que o movimento operário e seus aliados concentrem suas forças ainda ponderáveis no apoio e na promoção às cooperativas de trabalhadores, para que elas possam absorver os milhões que não têm lugar na economia capitalista.

São Paulo, março de 1998

1. Globalização, precarização do trabalho e exclusão social

> *Há um sentimento de exclusão, de mal-estar em vastos segmentos das sociedades ricas integradas na economia global, alimentando a violência e, em alguns casos, atitudes de xenofobia.*
>
> Fernando Henrique Cardoso, na Índia,
> Folha de S.Paulo, 28.1.96.

Todo mundo, no mundo inteiro, fala do desemprego. A falta de bons empregos – de empregos que pagam e oferecem estabilidade, perspectivas de carreira, seguro-desemprego, seguro contra acidentes, enfermidades, velhice e morte – é sentida em praticamente todos os países desenvolvidos e semidesenvolvidos. Este sentimento "universal", é bom que se diga logo, é partilhado pela assim chamada classe média que, no Brasil, tende a ser restrita aos ricos, mas nos países cêntricos abrange o conjunto dos assalariados formais. Os pobres, por motivos óbvios, sempre careceram de empregos do tipo descrito acima; se não carecessem, não seriam pobres. É duvidoso que o problema pseudouniversal do desemprego de fato atinja os pobres "antigos", os que há décadas vivem de bicos, do comércio ambulante, de trabalhos sazonais, da prestação de serviços que não exigem qualificação, que incluem a prostituição, a mendicância e assemelhados. É provável, porém, que o desemprego esteja contribuindo para o avultamento da pobreza.

O Mal-Estar no Fim do Século XX

Uma das causas dos mal-entendidos é a fantástica capacidade da classe média de generalizar. *Todo mundo* morre de medo de perder o emprego, *todo mundo* que perde o emprego e tem mais de 50 anos jamais encontra outro, *todo mundo* que se forma vai para a pós-graduação ou acumula bicos porque emprego, que é bom, não se encontra nem com lupa, e assim por diante. *Todo mundo* se refere a uma maioria limitada nos países do centro e a uma quase maioria no Brasil. Um dado expressivo, em nosso caso, é que literalmente a metade da População Economicamente Ativa contribui para a Previdência Social (49,9% em 1981, 47,7% em 83, 49,9% em 86 e 50,1% em 90 – IBGE, 1994, Tabela 7). Parece ser uma boa hipótese a de que o problema do desemprego, de que *todo mundo* fala, atinja sobretudo a metade que contribui para a Previdência Social. É muita gente, mais de 31 milhões em 1990, mas não são todos.

Para colocar o desemprego em perspectiva, é necessário explicitar e examinar criticamente uma série de pressupostos que o discurso corrente subentende. Em primeiro lugar, o fato de que se necessita de ocupação, que não é sinônimo de emprego. Este último conceito implica assalariamento – uma relação de emprego só existe quando alguém, em geral uma firma, *dá* um emprego a alguém. A própria linguagem é enganadora. Não há qualquer *dação*, mas compra e venda. O emprego resulta de um contrato pelo qual o empregador compra a força de trabalho ou a capacidade de produzir do empregado. Os empresários gostam de falar de *oferta de emprego*, como se o emprego fosse alguma dádiva que a firma faz ao empregado. Na realidade, é o contrário: é o trabalhador que *oferece*, ele que é o vendedor, e a mercadoria não é o emprego mas a capacidade de produzir do trabalhador. A firma empregadora é o comprador, o demandante e, como tal, paga o preço da mercadoria – o salário.

No mercado de trabalho capitalista, como nos demais mercados, o freguês sempre tem razão. Este dito reflete uma tendência bastante geral de que a concorrência tende a ser mais intensa entre os vendedores do que entre os compradores. Isto decorre do fato não universal mas frequente de que a oferta supera a demanda. Excetuados os mercados monopólicos ou fortemente oligopolizados, os demais se apresentam quase sempre com esta característica; e os consumidores estão acostumados a ser bajulados e seduzidos porque os ofertantes precisam deles mais do que o contrário. Uma das razões para isso é que, quando a oferta tende a ser menor do que a demanda na maioria dos mercados, a tendência à inflação torna-se muito forte, o que exigiria controles extramercado para contê-la. Nossa experiência com o Plano Cruzado em 1986 e com o Real em 1994/1995 ilustra isso. Hoje estes controles são fortemente combatidos pelos governos (quase todos liberais) e, em consequência, a relativa estabilidade dos preços requer permanente contenção da demanda, de onde resulta o tipo de "equilíbrio" que faz com que o freguês sempre tenha razão.

É claro que isso vale sobretudo para o mercado de trabalho. As políticas fiscais e monetárias têm em vista impedir que a economia se "aqueça" em demasia, o que na prática implica manter uma generosa margem de sobreoferta de força de trabalho. Neste sentido, o desemprego não é um "mal" mas um efeito funcional de políticas de estabilização exitosas. Quando a demanda por mercadorias, seja para consumo ou para inversão, é contida, a fim de que os preços não subam, é óbvio que as empresas vendem menos, portanto produzem menos e *ipso facto* empregam menos. A concorrência intensificada entre as empresas obriga-as a reduzir custos e, portanto, a aumentar ao máximo a produtividade do trabalho, o que implica reduzir também ao máximo a compra de força de trabalho. Os desempregados, que outrora eram denominados de *exército industrial de reserva*, desempenham o mesmo papel que as mercadorias que sobram nas prateleiras: eles evitam que os salários subam.

É melhor falar em exército industrial de reserva do que em "desempregados", em primeiro lugar para que fique claro o importante papel estabilizador que desempenham. Depois, porque o exército de reserva (hoje mais terciário do que industrial) não se compõe apenas dos que são vítimas do desemprego aberto, ou seja, dos que estão ativamente procurando e solicitando emprego, que representa uma proporção limitada da população economicamente ativa. No Brasil, onde o seguro-desemprego ainda é um privilégio de poucos, esta proporção dificilmente passa de 5%. (Nos países que universalizaram o seguro-desemprego, o desemprego aberto costuma se situar entre 10 e 20%.)

Mas, ao lado dos desempregados ativos, há um outro componente do exército de reserva. São os "pobres", os socialmente excluídos, que se sustentam por meio de ocupações precárias. Estes pobres são candidatos potenciais a emprego no setor formal da economia, tão logo este expanda suas compras de capacidade de produzir.

É por isso que dissemos acima que, na realidade, o que necessitamos é de ocupação e não de emprego. Ocupação compreende toda atividade que proporciona sustento a quem a exerce. Emprego assalariado é um tipo de ocupação – nos países capitalistas o mais frequente, mas não o único. Temos aqui outra generalização provavelmente enganadora. Como a falta de ocupação é chamada de "desemprego", *pressupõe-se implicitamente que a única maneira de alguém ganhar a vida é vender sua capacidade de produção ao capital*. Deixam-se de lado as múltiplas formas de atividade autônoma que, na realidade, estão crescendo no mundo inteiro e no Brasil, na medida mesma em que o capital contém seu ritmo de acumulação e tendencialmente reduz o volume de força de trabalho que emprega. Na Tabela 1, a seguir, a evolução da estrutura ocupacional da população economicamente ativa pode ser acompanhada no Brasil, na década de 80.

TABELA 1. POPULAÇÃO OCUPADA SEGUNDO CATEGORIAS SÓCIO-OCUPACIONAIS. BRASIL EM 1981-1990.

(em porcentagem)

CATEG. SÓCIO-OCUPACIONAIS	1981	1983	1986	1990
Total	100,0	100,0	100,0	100,0
Empregadores	3,2	3,2	3,5	4,7
Empregados públicos	8,0	8,3	9,2	9,7
Empregadores de firmas particulares	50,4	50,5	50,5	48,8
Trabalhadores autônomos	22,3	22,1	22,4	22,6
Trabalhadores domésticos	6,1	6,6	6,7	6,2
Não remunerados	10,0	9,3	7,7	8,1

Fonte: IBGE, 1994, Tabela 8.

A primeira coisa que chama a atenção nesta Tabela é a pequena dimensão das mudanças verificadas ao longo destes nove anos.

A imobilidade relativa da estrutura ocupacional da população ocupada contrasta vivamente com o dinamismo exibido por esta quando a economia brasileira estava em pleno desenvolvimento. A década anterior – 1970/80 – abarca o rápido crescimento do "Milagre Econômico"; neste período, a proporção de empregados de firmas particulares passou de 41,7% para 52,2%, a de empregados públicos de 7,3% para 8,8%, ao passo que a de autônomos caiu de 33,8% para 25,2% e a de não remunerados de 9,9% para 5,3%. Também a proporção de empregadores aumentou de 1,5% para 2,6%. Como o desenvolvimento tomava a forma de expansão de firmas capitalistas, nada mais natural que uma parcela crescente da população ocupada abandonasse ocupações rurais, onde é mais frequente a autônoma e não remunerada (de membro da família), para se inserir na estrutura ocupacional como empregado público ou de firma particular (a expansão das redes públicas de ensino, saúde, comunicações etc. foi elemento condicionante do desenvolvimento). Portanto, o fato de cerca de 13% dos ocupados terem-se transformado, entre 1970 e 1980, de autônomos e não remunerados em empregados de firmas particulares, empregados públicos e empregadores, reflete apenas o desenvolvimento da economia.

Mas, na década de 80, a história foi outra. Para começar, a economia quase não cresceu, o desenvolvimento foi parco. Por isso, as mudanças foram poucas, até 1986 insignificantes mesmo. Apenas no último subperíodo se observam algumas alterações: a proporção de empregados de firmas particulares cai de 50,5% em 1986 para 48,8% em 1990, ao passo que aumentam as proporções de empregadores (de 3,5% para 4,7%), de empregados públicos (de 9,2% para 9,7%) e de não remunerados (de 7,7% para 8,1%). O sentido das mudanças em 1986-90 foi *oposto* ao das verificadas em 1970-80: enquanto nos anos 70 a parcela dos empregados em firmas privadas aumentou às custas das parcelas de autônomos e não remunerados, em 1986-90 a parcela dos empregados em firmas privadas se contraiu, expandindo-se as demais. É verdade que em ambos os períodos as parcelas de empregados públicos e de empregadores cresceram, mas a inversão da tendência da categoria sócio-ocupacional maior e mais importante, a dos empregados de firmas particulares, indica que a dinâmica social sofreu uma mudança significativa tanto no Brasil como nos outros países.

A Tabela 1 ilustra o que afirmamos anteriormente: o problema da ocupação não pode e não deve ser reduzido ao do emprego. O aumento da proporção de empregadores e de não remunerados, em 1986-90, sugere que houve alguma descentralização do capital com a multiplicação de pequenas firmas, que são aquelas que ocupam, ao lado dos trabalhadores autônomos, auxiliares não remunerados, em geral aparentados ao "empregador". A grande indagação a este respeito é a seguinte: deve-se atribuir o ressurgimento do desemprego em escala crescente em quase todos os países capitalistas *apenas* à voga do liberalismo e ao consequente abandono das tentativas de preservar o pleno emprego mediante políticas keynesianas, *ou* deve-se atribuí-lo também às transformações econômicas ocasionadas pelo conjunto de mudanças tecnológicas conhecido como Terceira Revolução Industrial e pela crescente globalização das atividades econômicas?

Em outras palavras, o mal-estar na civilização capitalista, que ressurgiu no fim do século XX, é o resultado apenas da reviravolta político-ideológica ou apresenta característica estrutural, sendo traço inevitável de uma nova época na história do capitalismo. Sem colocar a questão no contexto das mudanças sistêmicas em curso, é de se temer que ela seja subestimada.

Consequências da Terceira Revolução Industrial

Todas as revoluções industriais acarretaram acentuado aumento da produtividade do trabalho e, em consequência, causaram desemprego tecnológico. Os deslocamentos foram grandes, milhões de trabalhadores perderam suas qualificações à medida que máquinas e aparelhos permitiram obter, com menores custos, os resultados produtivos que antes exigiam a intervenção direta da mão humana. Mas a Segunda Revolução Industrial também gerou inúmeros novos produtos de consumo, que têm prolongado e enriquecido a vida humana. O nível de consumo cresceu mais do que a produtividade do trabalho, de modo que os setores novos da economia absorveram mais força de trabalho do que a liberada por setores antigos renovados. Como aqueles que ocuparam os novos empregos gerados pela tecnologia nem sempre foram os mesmos expulsos dos empregos eliminados pela tecnologia, as calamidades sociais provocadas pelo desemprego tecnológico não devem ser menosprezadas. Foi para minorar estas calamidades que se criaram os diversos seguros sociais e o compromisso histórico de cada governo manter a economia o mais próximo possível do pleno emprego.

A Terceira Revolução Industrial sob diversos aspectos difere das anteriores. Ela traz consigo acelerado aumento da produtividade do trabalho tanto na indústria como em numerosos serviços, sobretudo dos que recolhem, processam, transmitem e arquivam informações. Como ela está ainda em curso, é difícil prever seus desdobramentos próximos e longínquos. Além da substituição do trabalho humano pelo computador, parece provável a crescente transferência de uma série de operações das mãos de funcionários que atendem o público para o próprio usuário. É a difusão do autosserviço facilitado pelo emprego universal do microcomputador. O que pode significar que cada cidadã ou cidadão gastará mais tempo para consumir e administrar o consumo presente e futuro de si e dos que dela ou dele dependem.

Por outro lado, a multiplicação de novos produtos é comparativamente diminuta. Para o consumidor final, a Terceira Revolução Industrial tem oferecido principalmente novas formas de entretenimento. O seu usufruto exige mais tempo, e para muita gente a jornada de trabalho não só não foi reduzida mas até aumentada. De modo que o grande aumento do consumo, trazido pelo automóvel, pelo avião, pela televisão e pela medicina curativa no segundo e terceiro quartéis deste século, não encontra similar atualmente. Os aumentos de produtividade permitem baratear produtos e isso, sem dúvida, expande o seu consumo, mas raramente na mesma medida em que cai o emprego de trabalho em sua confecção. Por isso o volume total de ocupação tende a cair.

Um dos efeitos mais controversos da Terceira Revolução Industrial é que ela parece estar *descentralizando o capital*. Esta hipótese se justifica por dois motivos: pela maior flexibilidade que o computador confere ao parque produtivo, eliminando certos ganhos de escala, tanto na produção quanto na distribuição; e pelo barateamento do próprio computador e de todo equipamento comandado por ele. O resultado parece ser que as grandes empresas verticalmente integradas estão sendo coagidas, pela pressão do mercado, a se desintegrar, a se separar das atividades complementares que exerciam para comprá-las no mercado concorrencial ao menor preço. É o que tem sido chamado de "terciarização". Outro resultado é que as grandes empresas horizontais – que operam estabelecimentos semelhantes em dezenas de países e milhares de cidades – veem-se coagidas, pela pressão da concorrência, a dar autonomia às suas filiadas, tomando crescentemente o formato de rede, cujos componentes se ligam à matriz por meio de contratos de franqueamento.

Muitos autores críticos contestam a tendência à descentralização do capital, com o argumento de que esta é apenas formal e que, ao contrário, o controle financeiro das empresas está se centralizando cada vez mais, através de sucessivas ondas de fusões e aquisições. O fundamental, do ponto de vista do desemprego e da exclusão social, que nos interessa aqui, é que muitas atividades desconectadas do grande capital monopolista passam a ser exercidas por pequenos empresários, trabalhadores autônomos, cooperativas de produção etc.; o que transforma um certo número de postos de trabalho de "empregos" formais em ocupações que deixam de oferecer as garantias e os direitos habituais e de carregar os custos correspondentes. Se for verdadeira a hipótese de que o capital se descentraliza ou que ele prefere cada vez mais explorar o trabalho humano mediante compra de serviços, em vez de contratar força de trabalho, as relações de produção essenciais do capitalismo estão sofrendo uma transformação radical. E, neste caso, diagnosticar a crescente exclusão social que se verifica na maioria dos países como resultado do "desemprego" pode representar um engano fatal.

É praticamente impossível separar os efeitos da Terceira Revolução Industrial de outras mudanças concomitantes que vêm ocorrendo nos diferentes países. O que dá para admitir com razoável segurança é que ela afeta profundamente os processos de trabalho e, com toda certeza, expulsa do emprego milhões de pessoas que cumprem tarefas rotineiras, que exigem um repertório limitado de conhecimentos e, sobretudo, nenhuma necessidade de improvisar em face de situações imprevistas. É neste tipo de tarefas que o cérebro eletrônico se mostra superior ao humano, tanto em termos de eficiência quanto de custos. Ao mesmo tempo, as aplicações da microeletrônica criam novos postos de trabalho, provavelmente em menor número, dos quais uma parte requer qualificação elevada (programadores, por exemplo) e outra requer apenas prática (digitadores, por exemplo).

A globalização econômica e suas repercussões

Esta questão também ganha nitidez quando colocada em perspectiva histórica. A economia capitalista industrial tende a superar os limites do estado-nação quase desde o seu início. A livre movimentação de mercadorias e de capitais através das fronteiras nacionais atingiu seu primeiro auge por volta da segunda metade do século XIX, quando o padrão-ouro proporcionou moedas automaticamente conversíveis e se criou um conjunto de instituições destinadas a garantir o livre-câmbio e as inversões estrangeiras. Esta primeira tentativa de globalização afundou com a Primeira Guerra Mundial (1914-18) e pouco depois com a grande crise dos anos 30, seguida pela Segunda Guerra Mundial (1939-45). Durante mais de 30 anos, as economias nacionais trataram de proteger suas indústrias e comandar a acumulação de capital dentro de seu território, caindo o intercâmbio comercial e financeiro entre elas a níveis irrisórios.

Após a última Grande Guerra, os vencedores, capitaneados pelos Estados Unidos, colocaram a retomada da globalização econômica como objetivo primordial. As instituições criadas na Conferência de Bretton Woods, ainda em 1944, receberam um claro mandato neste sentido (a ex-URSS só se manifestou contra quando se recusou participar do Plano Marshall e do FMI, mas sua oposição só teve efeito sobre os países de sua área de influência).

Pode-se dizer que a globalização é um processo que se realiza sem solução de continuidade já há mais de cinquenta anos. É fácil comprovar isso observando o crescimento contínuo do valor das trocas internacionais e dos investimentos diretos estrangeiros. De acordo com Maizels (1963, Table 4.1), entre 1948-50 e 1957-59, a produção industrial do mundo cresceu 60% ao passo que o comércio mundial de produtos industriais cresceu 90%; a produção mundial de produtos primários aumentou 30% e o comércio internacional dos mesmos 57%. O aumento maior do intercâmbio em relação à produção é uma das medidas da globalização. Dunning (1964, p. 64) dizia: "Desde a guerra, uma notável retomada teve lugar nos movimentos internacionais de capital, cujo volume subiu mais depressa do que o comércio mundial e a produção industrial durante os últimos quinze anos. (...) No período de 1946 a 1950, o fluxo *líquido* de *capitais privados de longo prazo* dos países que são tradicionais *exportadores de capital* foi em média de 1,8 bilhão de dólares ao ano (igual à metade da média dos anos 20). Na década seguinte, ele subiu para 2,9 bilhões ao ano, chegando ao pico de 3,6 bilhões em 1958...".

A globalização em curso apresenta duas etapas: a primeira, do fim da guerra ao fim dos anos 60, quando ela abarcava sobretudo os países hoje considerados desenvolvidos; a segunda, que já dura cerca de um quarto de século e que inclui uma boa parte do Terceiro Mundo; e, mais recentemente, os países que compunham a ex-URSS e seus antigos satélites. Como se vê, pouco a pouco a globalização vai fazendo jus ao seu nome. Para entender os seus efeitos, convém apreciar brevemente o resultado de sua primeira etapa.

Ao final da Segunda Guerra Mundial, os países que hoje compõem o Primeiro Mundo experimentavam condições muito diferentes. Os Estados Unidos estavam no auge de sua hegemonia, com elevados níveis de produção e consumo, produtividade e salários; os demais países tinham suas economias afetadas pelo conflito, carência de recursos e dificuldades de reabsorver os ex-combatentes. A primeira etapa da globalização foi dominada pela transferência maciça de recursos dos Estados Unidos para a Europa e para o Japão. As grandes companhias norte-americanas implantaram filiais e adquiriram firmas da Europa Ocidental, retomando assim sua multinacionalização. Os países europeus e o Japão reconstruíram seus parques industriais e ativamente incorporaram tecnologia e padrões de consumo dos EUA. Gradativamente, as diferenças entre todas as economias envolvidas na globalização foram sendo eliminadas até constituírem um todo econômico bastante homogêneo.

A integração econômica do que hoje compõe o Primeiro Mundo deu-se num período de intenso crescimento e pleno emprego, que ficou conhecido como *anos dourados*. Por isso, produção e consumo, produtividade e salários tenderam a ser homogeneizados para cima. Todas as economias nacionais cresceram, mas as mais debilitadas pela guerra (Alemanha e Japão) cresceram mais do que as outras, de modo que, após algumas décadas, o conjunto se equiparou nos padrões que inicialmente apenas os EUA detinham. O processo foi um círculo virtuoso, em que a conversibilidade monetária e a queda das barreiras alfandegárias abriam espaço para uma crescente repartição de ganhos.

De 1970 em diante, as economias capitalistas desenvolvidas abriram seus mercados internos aos produtos industrializados do Terceiro Mundo. Ao mesmo tempo, a crise do dólar levou à flutuação das taxas de câmbio e à constituição de um grande mercado financeiro internacional – o mercado de eurodivisas – não submetido a qualquer controle público. O resultado das duas mudanças foi um novo grande salto adiante do comércio internacional e do investimento direto estrangeiro. O grande capital passou a implantar, sobretudo em países em processo de industrialização, todo um novo parque industrial destinado a abastecer os mercados dos países do Primeiro Mundo. O Brasil foi um dos mais importantes protagonistas da globalização nos anos 70, quando tivemos o "Milagre Econômico". Nos anos 80, a crise do endividamento externo prejudicou a América Latina e o fluxo industrializador se dirigiu principalmente à Ásia Oriental: Hong Kong, Coreia do Sul, Taiwan e Cingapura viram suas economias crescerem em ritmo intenso, estimuladas pela expansão das exportações industriais, sobretudo para o Norte.

A globalização é um processo de reorganização da divisão internacional do trabalho, acionado em parte pelas diferenças de produtividade e de custos de produção entre países. No início da segunda etapa, os países semi-industrializados apresentavam ao capital global vantagens comparativas, que consistiam em grande disponibilidade de mão de obra já treinada e condicionada ao trabalho industrial a custos muito menores do que nos países desenvolvidos. Na mesma época, as lutas de classe nos países industrializados haviam se intensificado, alimentadas por crescente insatisfação de uma classe operária de escolaridade elevada com um trabalho monótono e alienante. Grandes jornadas grevistas eram resolvidas com elevações salariais que superavam os ganhos de produtividade e pressionavam os lucros. A transferência em grande escala de linhas de produção industrial para a periferia foi a resposta das empresas. Grandes centros industriais na Europa e na América do Norte foram literalmente esvaziados, com prédios fabris abandonados e grande número de desempregados. Ao contrário da primeira etapa, desta vez a globalização assumia o papel de causador de "desindustrialização" e empobrecimento de cidades e regiões inteiras.

Parece claro que a globalização não reduz o nível geral de emprego nas economias que dela participam. À medida que uma economia se abre ao comércio internacional, aumentam suas importações e exportações. O acréscimo de exportações cria novo emprego, ou melhor, novas ocupações; o acréscimo de importações elimina postos de trabalho, que são transferidos aos países de onde provêm os produtos importados. Se o país exporta mais do que importa, tem um ganho líquido de empregos. E vice-versa. Como o desequilíbrio entre vendas e compras do resto do mundo não pode aumentar sempre, a eliminação de postos de trabalho por este efeito, num determinado país, tem de ser limitada. Em outras palavras, quando os países desenvolvidos passaram a importar produtos industriais do Terceiro Mundo, os empregos correspondentes foram transferidos do centro à periferia. Mas a periferia também passou a importar mais do centro, de modo que este também pôde criar novos empregos.

A mesma discussão pode ser feita em relação ao investimento direto estrangeiro. O país que exporta capital deixa de criar postos de trabalho, que aparecem no país em que o capital é investido. Mas, via de regra, a nova filial importa da matriz insumos e lhe transfere lucros, o que deve levar à multiplicação de postos de trabalho no país desenvolvido. Além disso, a maior parte do investimento direto estrangeiro se realiza *entre países desenvolvidos*, entre os quais não há diferenças de produtividade e custo. Estes investimentos visam aproveitar oportunidades de penetrar em novos mercados, criadas pela queda das barreiras aduaneiras. Nos anos 70, o investimento direto estrangeiro era, em média, de 21 bilhões de dólares por ano, dos quais 76% se dirigiam aos países desenvolvidos; em 1986-90, o fluxo médio era de 155 bilhões ao ano, 83% destinados aos países desenvolvidos; em 1992, ano de recessão, ele foi de 126 bilhões, dos quais 68% foram para países do Primeiro Mundo. Estima-se que todas as multinacionais em conjunto empreguem 73 milhões de pessoas no mundo, sendo 44 milhões nas matrizes, 17 milhões em filiais situadas em países desenvolvidos e 12 milhões em filiais no Terceiro Mundo (OIT, 1995, *Cuadro* 11). Estes dados sugerem que a explosão de investimento direto estrangeiro, em curso, dificilmente afeta os níveis *globais* de ocupação dos países envolvidos.

Só que isso está longe de encerrar a discussão. Se a globalização não reduz, pelo menos de forma sistemática e contínua, a ocupação nos países exportadores de capital e importadores de produtos industriais, não há dúvida de que ela ocasiona "desemprego estrutural". Ela faz com que milhões de trabalhadores, que produziam o que depois passou a ser importado, percam seus empregos e que possivelmente milhões de novos postos de trabalho sejam criados, tanto em atividades de exportação como em outras. O "desemprego estrutural" ocorre porque os que são vítimas da desindustrialização em geral não têm pronto acesso aos novos postos de trabalho. Estes vão sendo tipicamente ocupados por mão de obra feminina, muitas vezes empregada em tempo parcial, ao passo que os ex-operários moram em zonas economicamente deprimidas, são muitas vezes arrimos de família, dispõem de seguro-desemprego proporcional aos salários que ganhavam antes, geralmente mais elevados do que os proporcionados pelas novas ocupações.

O desemprego estrutural, causado pela globalização, é semelhante em seus efeitos ao desemprego tecnológico: ele não aumenta necessariamente o número total de pessoas sem trabalho, mas contribui para deteriorar o mercado de trabalho para quem precisa vender sua capacidade de produzir. Neste sentido, a Terceira Revolução Industrial e a globalização se somam. As duas mudanças atingiram, no Primeiro e no Terceiro Mundos, os trabalhadores mais bem organizados que, ao longo de muitos anos de lutas, conseguiram conquistar não só boa remuneração mas também o que Jorge Mattoso (1993) chama apropriadamente de *segurança no trabalho*. Foram os trabalhadores industriais que conseguiram o direito de se sindicalizar, de barganhar coletivamente com os empregadores, de fazer greve sem correr o risco de demissão, de ter representação permanente junto à direção da empresa. Na medida em que foram exatamente estes os trabalhadores mais atingidos pelo desemprego tecnológico e pelo desemprego estrutural, a correlação de força entre compradores e vendedores de força de trabalho, em cada país, tornou-se muito mais favorável aos primeiros.

Desemprego ou precarização?

Talvez melhor do que a palavra "desemprego", *precarização do trabalho* descreve adequadamente o que está ocorrendo. Os novos postos de trabalho, que estão surgindo em função das transformações das tecnologias e da divisão internacional do trabalho, não oferecem, em sua maioria, ao seu eventual ocupante as compensações usuais que as leis e contratos coletivos vinham garantindo. Para começar, muitos destes postos são ocupações por conta própria, reais ou apenas formais. Os primeiros resultam muitas vezes do fato de que o possuidor de um microcomputador pode viver da prestação de diversos serviços a empresas, sem qualquer contrato além da transação pontual. Um exemplo que combina os efeitos da globalização com os da revolução microeletrônica é o das linhas aéreas e companhias de seguros: estas enviam atualmente os dados de que necessitam à Índia, para que sejam analisados por peritos em informática daquele país; os programas criados por estes últimos são objetos de comércio internacional; os programadores de computador e os peritos em informática da Índia fazem breves viagens de estudos ao exterior, por conta de empresas multinacionais. É conhecido o fato de a Índia ter uma vantagem competitiva em relação a outros países, em termos de rendimentos e remuneração do trabalho de computação. Esta vantagem se concretiza em função da possibilidade de gravar em disco e comercializar os serviços de programadores e operadores de computador (OIT, 1995, p. 54).

A ocupação por conta própria pode ser apenas formal. Uma única empresa grande necessita muitas vezes dos serviços em tempo completo de uma equipe profissional, seja de contabilidade, de vigilância, de fornecimento de refeições, de seleção de executivos, de pesquisa de mercado etc. Outrora, a empresa empregava a equipe. Hoje ela prefere que a equipe se constitua em pequena firma independente e lhe preste os serviços. Para a empresa-cliente, a vantagem está na flexibilidade do novo relacionamento e também no menor custo do trabalho, pois ela deixa de pagar o tempo morto, quando a equipe não tem o que fazer, e as horas extras, quando a urgência da tarefa impõe trabalho além da jornada normal. Os profissionais que passam a trabalhar "por conta própria" ganham a possibilidade (teórica) de atender a outros clientes, mas correm o risco de que "o" cliente se volte para outro fornecedor. Em suma: o ex-empregador ganha graus novos de liberdade, os ex-empregados perdem a segurança que tinham.

A precarização do trabalho toma também a forma de relações "informais" ou "incompletas" de emprego. "... esta ampliação da *insegurança no emprego*", conforme relata Mattoso (1993, p. 126), "deu-se em praticamente todos os países avançados (...) através da redução relativa ou absoluta de empregos estáveis ou permanentes nas empresas e da maior subcontratação de trabalhadores temporários, em tempo determinado, eventuais, em tempo parcial, trabalho em domicílio ou independentes, aprendizes, estagiários etc...". O mesmo autor apresenta os seguintes dados (Tabela 3.7): nos países-membros da OCDE[1], durante a recessão de 1981-83, o emprego em tempo integral diminuiu 0,5% ao ano, ao passo que o emprego em tempo parcial aumentou 3,4% ao ano; durante a longa fase de crescimento de 1983-88, o emprego em tempo integral cresceu anualmente em média 1,5% e o emprego em tempo parcial 2,1%. Durante a recessão, as empresas substituíram empregados em tempo integral por empregados em tempo parcial e durante a expansão elas voltaram a empregar em tempo integral, porém em ritmo menor do que em tempo parcial. Na França, o número dos que se encontravam em "novas formas de emprego", todas precárias, era de 2.025.000 em 1982 e de 3.406.000 em 1989 (Tabela 3.9).

A estratégia empresarial que leva a estes resultados foi interpretada nos seguintes termos: "A flexibilidade externa procura traduzir para a gestão do pessoal o que representa o método do *just in time* na gestão de estoques. Trata-se de evitar estoques de mão de obra sem utilidade imediata. Procurar-se-á, pois, ajustar continuamente o nível de efetivos o mais rente possível às flutuações do mercado. Emprego estável só será assegurado a um núcleo de trabalhadores de difícil substituição em função de suas qualificações, de sua experiência e de suas responsabilidades. Ao redor deste núcleo estável gravitará um número variável de trabalhadores periféricos, engajados por um prazo

---

[1] OCDE é a organização de cooperação econômica que tem os países capitalistas mais desenvolvidos como membros.

limitado, pouco qualificados e, portanto, substituíveis. As vantagens da flexibilidade externa são evidentes no curto prazo. A empresa pode funcionar com mais flexibilidade, sem se preocupar em continuamente encher sua carteira de pedidos e, sobretudo, manter o sindicato em posição de fraqueza. É difícil organizar sindicalmente os precários, e a solidariedade entre o pessoal estável e eles é fraca." (Gorz, 1991, p. 69).

O sindicato entra nas considerações de Gorz como uma consideração lateral. Isto porque em 1991 ele já está debilitado. Mas o processo de precarização só se explica pela derrota decisiva do movimento operário, do qual sindicatos e partidos são a espinha dorsal. Mesmo quando o partido historicamente ligado aos trabalhadores vai ao governo, ele se aparta do movimento sindical e permite a precarização do trabalho. Foi o que acabou ocorrendo, nos anos 80 e 90, com Mitterand na França e com Gonzalez na Espanha, por exemplo.

As vantagens da "flexibilidade externa" sempre foram conhecidas e, se as empresas pudessem optar, teriam-na praticado desde sempre. Se até meados dos anos 70 não o puderam fazer, é porque foram coagidas pelo poder conjunto de sindicatos e partidos democráticos de massa. Os sindicatos tinham poder para obrigar os empregadores a conceder o padrão legal e contratual de relação de emprego, ou seja, emprego em tempo integral com todos os direitos assegurados à totalidade dos que trabalhavam para eles, mesmo para os trabalhadores facilmente substituíveis. Isso é confirmado pelos estudos que fundamentaram a teoria de *segmentação do mercado de trabalho*, feitos no fim dos anos 60 e início dos 70, nos Estados Unidos. A teoria sustenta que o mercado de trabalho nos EUA está dividido em dois segmentos: um *primário*, em que os trabalhadores são mais bem pagos, têm estabilidade e sobretudo perspectivas de carreira; outro *secundário*, em que as condições são opostas. Mas em nenhum destes estudos se constata a precarização do trabalho no segmento secundário, ou seja, as empresas discriminam os trabalhadores deste segmento (sobretudo ao lhes pagar menos e não remunerar o ganho de experiência) sem deixar de empregá-los nos mesmos termos contratuais que os integrados ao segmento primário.

Edwards (1979, p. 167) oferece uma enumeração interessantíssima das ocupações que compõem o segmento *secundário* do mercado de trabalho: postos de baixa qualificação em firmas industriais pequenas, não sindicalizadas; ocupações em "serviços" como faxineiros, garçons, auxiliares de enfermagem, entregadores e mensageiros, recepcionistas, guardas, prestadores de cuidados pessoais; posições de baixo nível no comércio atacadista e varejista como vendedores, tomadores de pedidos, expedidores, estoquistas etc.; ocupações de escritório de nível mais baixo como datilógrafos, arquivistas, digitadores etc.; trabalhadores empregados sazonalmente na agricultura; e ainda ensino em tempo parcial e tecelagem no Sul dos EUA. Todos estes eram ainda assalariados, provavelmente com exceção dos trabalhadores sazonais, nos anos 70. Pois eles estão sendo crescentemente precarizados desde então, engajados como autônomos, avulsos, trabalhadores em tempo parcial ou por tempo limitado etc. Isso, quando a ocupação não foi eliminada pelos progressos da informática e da telemática.

Edwards divide os trabalhadores primários em duas subcategorias: *primários subordinados* e *primários independentes*. Os primeiros compreendem "as ocupações da classe operária industrial tradicional", além das "posições de trabalhadores sindicalizados nos níveis mais baixos do trabalho de vendas, escritório e administração" (Edwards, 1979, p. 171), e se distinguem dos secundários, assim como dos primários independentes, pela importância da presença sindical. Os primários independentes, por sua vez, estão em três tipos de ocupações: posições intermédias (mestres, guarda-livros, secretárias), ofícios manuais (eletricistas, mecânicos) e cargos de profissionais liberais (investigadores científicos, contadores, engenheiros). O que diferencia os primários subordinados dos independentes é que as tarefas dos primeiros são "repetitivas, rotineiras e sujeitas ao ritmo das máquinas" que operam (Edwards, 1979, p. 172), ao passo que as dos segundos "requerem iniciativa independente ou ritmo autodeterminado" (Edwards, 1979, p. 174).

Fica claro por esta caracterização que as mudanças tecnológicas trazidas pela informática afetaram em cheio os trabalhadores *primários subordinados*. A robotização, em particular, atingiu precisamente o trabalho repetitivo e rotineiro, que foi acelerado e tornado mais preciso mediante a substituição da mão humana pelos tentáculos dos autômatos programados. O efeito sobre a classe operária industrial tem sido devastador.

Além disso, nos países desenvolvidos, somou-se ao desemprego tecnológico, assim produzido, o desemprego estrutural decorrente da transferência de linhas de produção industrial à periferia. O resultado foi a corrosão da base social dos grandes sindicatos operários. Os *primários independentes* foram afetados em menor grau: o microcomputador reduziu consideravelmente a demanda por secretárias e guarda-livros, e a descentralização de responsabilidades e poder de decisão achatou as hierarquias, eliminando postos em posições intermediárias. Parece provável que, em termos quantitativos, os mais atingidos pelo desemprego tenham sido os primários subordinados, seguidos pelos primários independentes e por fim pelos secundários. Estes têm sido os mais afetados pela precarização.

O que derrotou os sindicatos e os obrigou a aceitar a precarização foi a nova mobilidade que o capital adquiriu na segunda etapa da globalização. O grande capital multinacional simplesmente abandonou o campo de batalha e se transferiu para países em que a debilidade do movimento operário lhe oferecia plena liberdade de reformular as relações de produção de acordo com os seus interesses. A segmentação do mundo do trabalho, que estava implícita nos Estados Unidos e certamente em outros países industrializados, foi explicitada mediante a criação de uma franja de trabalhadores destituídos de quaisquer direitos, exceto o pagamento do serviço prestado. A resistência sindical pode ser aquilatada pela extensão em que ramos inteiros de produção foram transferidos de suas localizações tradicionais a outras partes do país ou a outros países. O que em muitos casos condenou à morte econômica e social as sociedades abandonadas. Não admira que as autoridades políticas tenham abandonado os sindicatos à sua sorte para tentar impedir que a retirada do capital transformasse cidades e regiões em cemitérios industriais.

Exclusão social

A precarização do trabalho não está confinada ao Primeiro Mundo. Desde a década passada ela se estende a países periféricos que têm legislação trabalhista e fazem observar os direitos legais dos trabalhadores. No início deste ensaio, comprovamos que ela já se faz sentir no Brasil, ao menos desde 1986-90 e tudo leva a crer que se intensificou desde então. É possível afirmar que o conjunto dos países ativamente envolvidos no processo de globalização, isto é, todos os membros da OCDE mais uma ou duas dúzias de países da Ásia e da América Latina, estão em graus variados sendo submetidos ao mesmo processo.

A precarização do trabalho inclui tanto a exclusão de uma crescente massa de trabalhadores do gozo de seus direitos legais como a consolidação de um ponderável exército de reserva e o agravamento de suas condições. Pode-se falar em consolidação porque depois que as taxas de desemprego subiram acentuadamente, entre a recessão provocada pelo primeiro choque do petróleo em 1974-75 e a provocada pelo segundo choque em 1980-82, elas passaram a flutuar com a conjuntura sem revelar qualquer tendência secular de crescimento ou decréscimo (OIT, 1995, p. 147). (Não estamos considerando o enorme aumento do desemprego decorrente do colapso dos regimes de planejamento centralizado na Europa Oriental.) Mas as condições qualitativas deste imenso exército de reserva estão se deteriorando. Aumenta a duração do desemprego nos países-membros da OCDE: os que estavam desempregados há mais de um ano em 1980 eram 26,6% e em 1989 eram 34% do total de desempregados. Na França, o tempo médio de desemprego em 1979 era de menos de 150 dias, ao passo que dez anos depois chegava a mais de 380 dias. Com o aumento da duração do desemprego, cai a proporção de desempregados que ainda recebe seguro-desemprego. Nos Estados Unidos, esta proporção declinou de 50% em 1980 para 33% em 1989 (Mattoso, 1993, pp. 123-125).

Como não poderia deixar de ser, a contrarrevolução do capital teve como consequência, em todos os países, o aumento da exclusão social. Trata-se, na realidade, de um processo cumulativo: a precarização do trabalho tornou sem efeito para uma parcela crescente da força de trabalho a legislação do trabalho, inclusive a que limita a jornada a 8 horas, determinando ainda descanso semanal e férias. Essas conquistas históricas do movimento operário foram decisivas para limitar a extensão do desemprego em face do crescimento acelerado da produtividade do trabalho durante os anos dourados (1945-73). Agora todos os ocupados por conta própria, reais ou formais, perderam estes direitos. Seus ganhos em geral se pautam não pelo tempo de trabalho dado mas pelo montante de serviços prestados. Nesta situação, os trabalhadores por conta própria tendem a trabalhar cada vez mais, na ânsia de ganhar o suficiente para sustentar o padrão usual de vida.

O relatório da OIT (1995, p. 51) observa que, nos Estados Unidos, depois do segundo choque do petróleo, caiu o desemprego graças a um alto nível de criação de postos de trabalho, apesar do forte aumento da oferta de mão de obra. "Segundo um estudo do tempo de trabalho, este é hoje muito maior. Por conseguinte, nos Estados Unidos não só havia mais pessoas trabalhando, mas além disso trabalhavam mais horas, o que pode parecer uma dupla proeza num momento de crescimento persistentemente lento." Não há proeza nenhuma se se considera que provavelmente aumentou a parcela de trabalhadores por conta própria e o salário médio real caiu nos EUA 0,9% por ano entre 1979 e 1989 (Mattoso, 1993, Tabela 3.13). O efeito se torna cumulativo, pois o aumento do tempo de trabalho dos ocupados reduz a possibilidade dos sem-trabalho encontrarem ocupação. A flexibilização, desregulamentação ou precarização do trabalho divide o montante de trabalho economicamente compensador de forma cada vez mais desigual: enquanto uma parte dos trabalhadores trabalha mais por uma remuneração horária declinante, outra parte crescente dos trabalhadores deixa de poder trabalhar.

Isso pode ser observado diretamente nos momentos de recessão, quando aumenta o número dos que vão às ruas tentar ganhar a vida como vendedor ou prestador ambulante de serviços. Piora a proporção entre os que podem comprar e os que precisam vender e cresce a parcela dos que acabam alijados até mesmo dos mercados informais. Mesmo que o exército de reserva não cresça como um todo, aumenta a quantidade de pessoas há muito tempo sem trabalho, que acabam sendo definitivamente atingidas pela exclusão social. Suas vidas pessoais entram em crise, muitas se agregam aos que vagam pelas ruas sem-teto ou à legião dos desequilibrados mentais. O que tem, como contrapartida, a concentração da renda a favor dos que têm investimentos, dirigem empresas ou entidades públicas e dos que continuam usufruindo os direitos trabalhistas como integrantes do núcleo primário de trabalhadores estáveis.

No que se refere ao Primeiro Mundo, Mattoso (1993, pp. 144-145) escreve: "A contrapartida da maior concentração da renda e da ampliação da desigualdade vem sendo o crescimento da pobreza, observável em ambos os lados do Atlântico Norte. Esta 'nova pobreza' é cada vez mais associada com as transformações estruturais ocorridas durante a 'modernização conservadora' no mercado de trabalho. Segundo a Comissão Europeia, citada por Standing, cresceu consideravelmente desde 1975 a pobreza nos países europeus. Em 1989 existiriam na Europa 44 milhões de pessoas vivendo na pobreza, o que representaria 14% da população, comparado com 11,8% em 1975. (...) 17,1% dos norte-americanos eram considerados pobres no final da década de 70, contra 5,6% na Alemanha e 9,7% na Inglaterra. No entanto, na década de 80, com a redução da participação pública em políticas contra a pobreza, a maior redução dos salários mais baixos e ampliação dos empregos de mais baixa produtividade e salários, a pobreza ampliou-se ainda mais, tanto na ampliação do número de pessoas pobres, quanto no aumento da miséria dos pobres."

A "nova pobreza" difere da antiga fundamentalmente por sua origem. Trata-se de pessoas que pertenciam à ampla classe média, que se criara em função das conquistas dos anos dourados, e que perderam seus empregos para robôs ou para trabalhadores de países periféricos. E que não foram capazes de se reciclar profissionalmente e de se deslocar para as cidades em que os novos postos de trabalho estavam surgindo. No Brasil, a "nova pobreza" também já se faz notar, embora seu surgimento seja mais recente. E ela atinge fundamentalmente a classe média, sob a forma de menor demanda por força de trabalho com qualificações tradicionais e, sobretudo, de redução muito violenta da remuneração real deste tipo de trabalhador. A crise de desemprego se manifesta no Brasil por aumento do desemprego "aberto", isto é, da proporção de pessoas que não exercem outra atividade que a de ativamente procurar trabalho. Estas pessoas em geral pertencem a famílias cuja subsistência está assegurada por reservas ou por outro membro, que está ocupado.

Os pobres raramente podem se dar ao luxo de ficar "desempregados". Os pobres ficam "parados" quando a procura por seus serviços cessa, mas eles não podem permanecer nesta situação muito tempo. Se não conseguem ganhar a vida na linha de atividade a que vinham se dedicando, tratam de mudar de atividade ou de região, caso contrário correm o risco de morrer de fome.

Os pobres não são diretamente atingidos pelas mudanças que a Terceira Revolução Industrial e a globalização estão provocando nas relações de produção, embora o aumento do seu número, em função do empobrecimento de parte dos desempregados, sobretudo dos que ficam sem trabalho por longos períodos, agrave a concorrência nos mercados informais, em que os pobres oferecem seus serviços. A transformação de operários metalúrgicos ou têxteis em boias-frias, por exemplo, deve provavelmente pressionar para baixo a remuneração desta categoria.

Cumpre, finalmente, assinalar que a precarização do trabalho, o aumento do exército de reserva e do número de pobres no Primeiro Mundo e em alguns países da periferia têm como contrapartida o crescimento do número de ocupados, do nível de produção e de consumo nos países que estão crescendo velozmente. São casos notórios os da China, Coreia do Sul, Taiwan, Hong-Kong e outros países da Ásia Oriental, aos quais se junta o Chile, de nosso continente. Tudo leva a crer que nesses países o aumento da produtividade marcha à frente do aumento dos salários e que os direitos trabalhistas devem ser muito modestos. Não obstante, nesses países a pobreza está diminuindo, o que permite concluir que a globalização do capital está redistribuindo renda no plano mundial. Este pensamento consolador não nos deve fazer esquecer, no entanto, que ao mesmo tempo os ricos estão ficando mais ricos em todos os países e que muito da degradação e do sofrimento infligidos poderiam ter sido evitados se a globalização tivesse sido minimamente combinada com programas internacionais de reestruturação produtiva. Mas, neste caso, o que denominamos de contrarrevolução capitalista nas relações de produção dificilmente teria ocorrido.

BIBLIOGRAFIA

DUNNING, John. "Capital movements in the twentieth century". *In*: DUNNING, John (ed.). *International investment*. Middlesex, England: Penguin, 1964.

EDWARDS, Richard. *Contested terrain. The transformation of the workplace in the Twentieth Century*. New York: Basic Books Inc., 1979.

GORZ, André. *Capitalisme, socialisme, écologie.* França: Galilée, 1991.

IBGE – Instituto Brasileiro de Geografia e Estatística. *Mapa do mercado de trabalho no Brasil.* Rio de Janeiro, 1994.

MAIZELS, Alfred. *Industrial growth and world trade.* Cambridge: Cambridge University Press, 1963.

MATTOSO, Jorge. *Trabalho e desigualdade social no final do século XX.* Campinas: Instituto de Economia, Unicamp, 1993, (tese de doutorado).

OIT. *El empleo en el mundo 1995.* Genebra, 1995.

2. São Paulo: desindustrialização, exclusão social e políticas que revertam estas tendências

Introdução

Há vinte anos, saía a público um pequeno volume intitulado *São Paulo: crescimento e pobreza*, elaborado por uma equipe do Cebrap (de que participei) para a Pontifícia Comissão de Justiça e Paz, sendo apresentado pelo arcebispo da cidade cardeal D. Paulo Evaristo Arns. O livro foi sucesso instantâneo de vendas, chamando a atenção pelo desassombro com que denunciava o agravamento da pobreza num cenário de intenso crescimento econômico.

Desde então, as condições econômicas e sociais na metrópole paulista mudaram completamente. Se em meados dos anos 70 o empobrecimento no meio da opulência podia ser atribuída ao fator político, ao regime militar que reprimia completamente o movimento sindical e aos movimentos sociais urbanos, em meados dos 90 o empobrecimento se intensifica, agora no quadro de uma severa crise de ajustamento estrutural. Hoje em dia, os brasileiros gozam dos direitos civis e políticos que decorrem da democracia, o que não impediu que o processo de polarização econômica e social prosseguisse e com mais intensidade.

Não se pretende neste artigo fazer um balanço destes vinte anos. O seu intento é analisar as mudanças ocorridas principalmente nos anos 80, de crise inflacionária, e as dos anos 90, em que àquela crise somaram-se a abertura do mercado brasileiro às importações e a globalização financeira. Estas mudanças afetaram São Paulo de modo particular, porque esta metrópole, ao contrário das demais, ainda constitui um grande centro industrial. No resto do Brasil, assim como nos demais países, as metrópoles se especializam na exportação de serviços que podem ser considerados de "alta tecnologia", como serviços públicos (quando sediam governos), educação superior, assistência à saúde, edição de livros e revistas, turismo de negócios etc., etc. Mas, na Grande São Paulo, nos anos 80, a indústria respondia ainda por cerca de um terço dos empregos. Ora, políticas recessivas de estabilização afetam a indústria mais do que os outros setores econômicos o mesmo devendo ser dito da abertura do mercado interno e da globalização. Por isso, a evolução da grande metrópole paulista revela com mais nitidez e vigor o que vem acontecendo com cidades industriais na maioria dos países.

Da crise industrial à desindustrialização

A partir de 1981, a economia brasileira entra numa nova fase, que se tornou conhecida como a *década perdida*. Na América Latina, a década perdida foi detonada pela crise da dívida externa, inaugurada em 1982, pela inadimplência mexicana. Mas o Brasil se antecipa em um ano. Desde o segundo choque do petróleo e a explosão das taxas de juros, provocada por Mr. Volcker, o país vinha tendo dificuldades de *fechar* o seu balanço de pagamentos, dependendo para tanto de novos créditos dos bancos privados. Em fins de 1980, os credores deram um ultimato ao ministro Delfim Neto, tzar das finanças públicas brasileiras: ou ele reduzia a necessidade de financiamento externo do país ou seus pedidos de rolagem de débitos vencidos e de novos empréstimos não seriam mais atendidos. Delfim submeteu-se e ainda no aeroporto em que desembarcou anunciou à imprensa a nova política econômica, de corte do crédito e de redução drástica do gasto público. A partir de 1981, o Brasil mergulhou no que seria a maior recessão de sua história até então e que só acabou em 1984.

O período 1981-1993 se caracterizou por inflação de três e de quatro dígitos, interrompida periodicamente por planos de estabilização. Houve planos que provocaram estabilização efêmera em 1986, 87, 89, 90 e 91. Os planos pretendiam conter a inflação com congelamento de preços e seus efeitos duravam alguns meses. Depois que estes planos deixavam de produzir efeitos, os governos adotavam políticas recessivas de estabilização, que apenas serviam para estabilizar a própria inflação em níveis muito altos. Foram anos de recessão: 1981-83, 1988 e

1990-92, durante os quais caía a atividade econômica como um todo, mas a queda da produção industrial era maior. Os dados da Tabela 1, a seguir, ilustram o processo.

TABELA 1. VARIAÇÃO ANUAL DO PRODUTO TOTAL E DO PRODUTO INDUSTRIAL. BRASIL 1980-1993.
(em números-índice: 1980=100)

Anos	Produto Total	Produto Industrial
1980	100,00	100,00
1981	95,75	91,16
1982	96,54	91,12
1983	93,72	85,73
1984	98,78	91,14
1985	106,53	98,68
1986	114,51	110,18
1987	118,55	111,27
1988	118,48	108,38
1989	122,22	111,48
1990	116,81	102,36
1991	117,09	100,48
1992	116,18	96,74
1993	120,96	103,30

Fonte: IBGE. *Anuário Estatístico do Brasil*, 1994.

Durante a primeira recessão do período, 1980-83, o produto total caiu 6,28% e o industrial 14,27%. Na fase de recuperação seguinte, 1983-87, o produto total cresceu 26,49% e o industrial 29,79%. Embora o produto industrial tivesse crescido um pouco mais que o total, ele não chegou a compensar o atraso acumulado durante a recessão. Em 1980-87, o produto total aumentou 18,55%, enquanto o industrial aumentou apenas 11,27%. Nos dois anos seguintes, o produto total cresceu mais 3,10% enquanto o industrial estagnou, aumentando o diferencial entre eles. Estes dados indicam que a desindustrialização da economia brasileira pode ter se iniciado no final da década de 80.

A partir de 1990, começa a abertura do mercado interno às importações, o que indubitavelmente impulsiona o processo de desindustrialização. Durante a segunda recessão, em 1989-92, o produto total cai 4,95% e o industrial 13,22%. Neste período, crise industrial e desindustrialização se somam e se reforçam mutuamente. Em 1992-93, começa nova fase de recuperação, em que o produto total cresce 4,11% e o industrial 6,78%.

A desindustrialização, que acomete a economia brasileira, resulta de tendências universais: a *Terceira Revolução Industrial*, que eleva a produtividade na indústria e em determinados serviços, mas muito pouco nos serviços de consumo social (educação e saúde) e individual (higiene, turismo, recreação etc.), de modo que diminui em termos relativos a parcela do tempo social de trabalho alocada à indústria enquanto aumenta a alocada àqueles serviços; a *globalização*, que remodela a divisão internacional do trabalho, ampliando a atividade industrial de exportação no sudoeste asiático, enquanto o terciário de alta tecnologia se expande no Primeiro Mundo. Não está claro ainda em que atividades se especializarão os países latino-americanos, e entre eles o Brasil. Por enquanto, a invasão de importados, sobretudo de proveniência asiática, tem corroído o parque industrial brasileiro com significativa redução de alguns ramos.

A transformação socioeconômica na Região Metropolitana de São Paulo (RMSP)

Entre 1976 e 1993, a economia da RMSP sofreu profunda mudança, que pode ser mais bem visualizada pela evolução da estrutura setorial da ocupação e do trabalho assalariado. Esta evolução está retratada nos dados da Tabela 2.

Ressalta de imediato dos dados da Tabela 2 a queda do ritmo de expansão do número de ocupados na RMSP: este cresceu de 4,5 para 6,8 milhões entre 1976 e 1993, só que deste aumento de 2,3 milhões, 2 milhões surgiram na primeira metade do período, entre 1976 e 1985, enquanto cerca de 350 mil surgiram na segunda metade (1985-93). Os dados da Tabela 2 estão em números absolutos para mostrar a extensão do esvaziamento econômico da Grande São Paulo na década de 90, que se reflete na evolução demográfica: foram recenseados na RMSP 8,2 milhões de habitantes em 1970; 12,6 milhões em 1980; e somente 15,4 milhões em 1991. Em 1970-80 a população cresceu 4,39%

por ano; em 1980-91 apenas 1,82% por ano. As taxas de crescimento anual do número de ocupados são semelhantes: 3,66% em 1976-81 e 2,02% em 1981-93.

TABELA 2. ESTRUTURA SETORIAL DA OCUPAÇÃO E DO TRABALHO ASSALARIADO RMSP EM 1976, 1981, 1985 E 1993 (EM 1.000 PESSOAS).

SETORES	1976		1981		1985		1993	
	OCUP.	EMPR.	OCUP.	EMPR.	OCUP.	EMPR.	OCUP.	EMPR.
Total	4.479,8	3.734,7	5.362,6	4.300,8	6.472,8	5.252,7	6.820,1	4.729,1
Ind. Transf.	1.688,5	1.610,8	1.860,2	1.773,0	2.049,2	1.951,0	1.729,2	1.606,2
Ind. Constr.	303,1	211,6	369,9	229,7	375,6	241,7	462,4	234,8
Com. Merc.	546,0	354,9	701,1	434,0	900,7	556,5	1.127,7	653,3
Prest. Serv.	741,8	531,7	935,5	587,5	1.251,0	843,5	1.430,5	519,2
Social	306,6	284,4	409,5	368,3	550,5	498,3	666,1	599,0
Adm. Publ.	143,8	143,8	197,2	197,2	233,1	233,1	228,4	227,6
Outras Ativ.	243,6	215,2	288,1	266,6	424,8	402,0	290,7	277,1
Set. Restantes	506,4	382,3	601,1	444,5	687,9	526,6	885,1	611,9

Fontes: IBGE. PNAD, 1976, 1981,1985 e 1993.

As migrações internas no Brasil são intensas, em grande medida governadas pela evolução espacialmente diferenciada das oportunidades econômicas, em termos mais concretos para a grande massa, da demanda por mão de obra. Na década de 70, em que se desenrolou grande parte do "Milagre Econômico" (crescimento econômico intenso + baixa inflação), a Grande São Paulo atraiu muitos imigrantes de outras regiões do Brasil. Na década de 80, a queda do ritmo de crescimento da ocupação na RMSP caiu quase à metade. Na capital de São Paulo, em 1980-91, o saldo migratório foi de -1.000.000, isto é, nestes 11 anos deixaram a Capital um milhão de pessoas a mais do que nela entraram. Desde que se iniciaram os censos brasileiros, em 1872, São Paulo não registrava saldo migratório negativo. O esvaziamento econômico da metrópole passou a expulsar parte da população.

Crise industrial e desindustrialização

Em 1976, a RMSP ainda era predominantemente industrial: nada menos de 37,69% dos ocupados estavam na Indústria de Transformação. Mas das 882,2 mil ocupações que surgiram em 1976-81, apenas 171,7 mil (menos de 20%) o fizeram neste setor. É possível atribuir este início de contração industrial da Região à tendência da grande indústria de se deslocar das metrópoles para cidades pequenas e médias do interior. Em 1976-81, do incremento de ocupações, a maior parte – 193,7 mil (21,96%) – surgiu na Prestação de Serviços, vindo a seguir Indústria de Transformação, Comércio de Mercadorias – 155,1 mil (17,58%) – e Social – 102,9 mil (11,66%). No espaço econômico da metrópole, tanto indústria quanto serviços estavam crescendo, os últimos mais que a primeira.

Em 1981-85, surgiram 1.110,4 mil novas ocupações na RMSP, das quais 189,0 mil (17,02%) na Indústria de Transformação. De acordo com os dados da Tabela 1, neste período, o produto brasileiro cresceu 11,26% mas o produto industrial cresceu apenas 8,25%. O país já se encontrava em crise industrial, como vimos, o que não poderia deixar de se refletir em seu principal centro fabril. Ainda assim, a ocupação industrial se expandiu em 1981-85 a 2,45% ao ano, taxa superior à do quinquênio anterior, de 1,96%. Mas, nesta primeira metade dos anos 80, a expansão maior da ocupação por ano verificou-se em Outras Atividades, em que predominam os serviços bancários e financeiros, com 8,08%, seguidos pelo Social (basicamente ensino e saúde) com 7,68%, Prestação de Serviços com 7,54% e Comércio de Mercadorias com 6,46%. É preciso considerar a magnitude destas taxas, para colocar em perspectiva o crescimento da ocupação industrial neste período. Não há dúvida de que o motor do crescimento metropolitano já era então muito mais o terciário (Serviços) do que o secundário (a Indústria de Transformação).

A reversão completa da tendência se dá em 1985-93, quando o número total de ocupados só se incrementa em 347,3 mil e a Indústria de Transformação apresenta uma perda líquida de 320 mil postos de trabalho. Outro setor que reduz acentuadamente o número de ocupados é Outras Atividades: nada menos que 134,1 mil postos de trabalho são eliminados. Indústrias e bancos aplicam inovações técnicas que poupam trabalho. Além disso, a indústria já se encontra sob a pressão dos produtos importados, obrigando-a a cortar custos de qualquer modo, o que se exprime em redução violenta da mão de obra. Não custa recordar que em 1989-92 o Brasil passou por severa recessão, com queda de 5% do produto total e de 13,22% do produto industrial. Crise industrial e desindustrialização coincidem nestes anos e seus efeitos combinados se traduzem em queda vertical da ocupação no setor.

O esvaziamento econômico da RMSP só não foi pior em 1985-93 porque a ocupação cresceu no Comércio de Mercadorias (+227 mil), na Prestação de Serviços (+179,5 mil) e no Social (+115,6 mil). A ocupação nestes três setores do terciário aumentou em 522,1 mil, compensando a perda de 454,1 mil na Indústria e no setor financeiro. Mas mesmo no terciário, o crescimento da ocupação diminuiu em relação ao quatriênio anterior. Na Prestação de Serviços ele caiu de 7,54% por ano em 1981-85 para 1,69% em 1985-93. No Comércio de Mercadorias a queda foi menor: de 6,46% por ano em 1981-85 para 5,78% em 1985-93. E, no Social, o aumento anual da ocupação caiu de 7,68% em 1981-85 para 2,41% em 1985-93.

Para visualizar a profundidade da mudança ocorrida na economia metropolitana nestes 17 anos, vale a pena comparar a primeira e a penúltima coluna da Tabela 2, que mostram o número de ocupados por setor em 1976 e em 1993. Enquanto o número total de ocupados aumentou de mais de 50%, o de ocupados na Indústria de Transformação quase ficou o mesmo. Mais que dobraram os ocupados em Comércio de Mercadorias e no Social e quase dobraram os ocupados em Prestação de Serviços. A participação da Indústria de Transformação na ocupação total era de 37,69% em 1976 e de 25,35% dezessete anos depois. A participação somada de Comércio de Mercadorias, Prestação de Serviços e Social era de 35,59% em 1976 e de 47,27% em 1993. Em suma: cerca de 12% dos postos de trabalho rumaram do secundário aos três grandes setores do terciário.

A grande reversão econômica que estamos analisando na realidade não ocorreu ao longo de todo o período examinado, de 1985 a 1993, porém apenas na sua segunda metade. É o que permitem concluir os resultados da pesquisa mensal de Emprego e Desemprego, feita pelo SEADE/DIEESE, na Grande São Paulo, precisamente a partir de 1985. Em 1985-89, de acordo com esta pesquisa, o total de ocupados cresceu anualmente 3,72%; em

1989-93 esta taxa desceu para 1,11%. O número de ocupados na Indústria de Transformação teria sido de 1.843,4 mil em 1985 (cerca de 10% menos do que o dado da PNAD, na Tabela 2), de 2.146,3 em 1989 e de 1.713,1 em 1993 (próximo ao da Tabela 2). A ocupação industrial na RMSP teria crescido anualmente 3,88% em 1985-89, ou seja, no mesmo ritmo da ocupação total, tendo *decrescido* 5,48% ao ano no quatriênio seguinte.

A reversão econômica foi muito mais brusca do que a análise do período de 1985-93 (comparando apenas os anos extremos) levaria a crer. Na realidade, a ocupação industrial cresceu até com certo vigor durante a década de 80 e inverteu seu curso subitamente a partir de 1990, quando crise econômica e abertura do mercado interno coincidiram, pondo a indústria metropolitana sob dupla pressão de uma demanda em queda livre e a competição de importados. Uma hipótese sugerida por estes dados é que a indústria foi sempre o principal indutor do crescimento da economia metropolitana, mesmo quando o crescimento da ocupação terciária era maior do que a secundária. Quando a dinâmica da indústria tornou-se negativa, nos anos 90, a economia inteira da RMSP deixou de crescer.

A contração do assalariamento

A Tabela 2 oferece dados sobre a evolução do número de ocupados e de empregados na RMSP. Em 1976-81, o número total de empregados cresceu 2,86% por ano, um pouco abaixo dos 3,66% de ocupados. Obviamente, neste período a proporção de assalariados no total de ocupados caiu. Fazendo esta comparação por setor, pode-se observar que: a) só em Outras Atividades o emprego cresceu mais – 4,38% por ano – do que a ocupação (3,41%); b) só na Indústria de Transformação emprego e ocupação aumentaram no mesmo ritmo (quase 2% por ano); c) nos grandes setores do terciário, o emprego cresceu menos do que a ocupação: no Comércio de Mercadorias 4,11% e 5,13%; na Prestação de Serviços 2,02% e 4,75%; e no Social 5,31% e 5,96%, respectivamente. Neste período, bancos e indústria eram constituídos predominantemente por empresas operadas por assalariados. Em 1981, eram assalariados 95,31% dos ocupados na Indústria e 92,54% dos ocupados em Outras Atividades.

O mesmo valia também para o Social, em que 89,94% dos ocupados eram empregados, em 1981. Mas esta proporção já era bem inferior no Comércio de Mercadorias (61,90%) e na Prestação de Serviços (62,80%). Nestes dois setores, a proporção de operadores por conta própria, algumas vezes auxiliados por membros da família não remunerados, é significativa. Os dados da Tabela 2 indicam que em 1976-81 era o número de operadores por conta própria que estava crescendo mais do que o de empregados das firmas.

Em 1981-85, a tendência se inverte. O emprego cresce 5,13% por ano, acima da taxa de aumento da ocupação, de 4,82%. Neste período, o comportamento setorial foi o seguinte: a) na Indústria da Construção, na Prestação de Serviços e em Outras Atividades, o crescimento do emprego – 1,28%, 9,46% e 11,22% por ano, respectivamente – é maior que o da ocupação – 0,31%, 7,54% e 8,08%, respectivamente; b) na Indústria de Transformação, no Comércio de Mercadorias e no Social, emprego e ocupação crescem em ritmos praticamente iguais e o mesmo vale para a Administração Pública, onde por definição os ocupados são todos empregados; c) em setor algum, o emprego aumentou em ritmo menor que a ocupação.

Estes são os resultados esperados, pois o desenvolvimento capitalista implica a concentração do capital, um dos aspectos da qual é a expulsão dos operadores por conta própria do mercado pelo avanço das empresas capitalistas. É o que acontece quando supermercados e hipermercados tomam o lugar de mercearias, açougues e quitandas ou quando lojas de departamentos eliminam lojas, butiques, livrarias etc.

Em 1985-93, o que ocorre é o *inesperado*: o número de empregados cai ligeiramente, enquanto o de ocupados sobe pouco. Os empregados diminuem de 85,1 mil (-1,62%), ao passo que os ocupados sobem 347,3 mil (5,36%). A contração do assalariamento se verifica em apenas dois setores: na Indústria de Transformação, que neste período eliminou 344,8 mil empregos e Outras Atividades, que eliminou 124,9 mil. No total, estes dois setores liquidaram com quase 497 mil empregos nestes oito anos. A perda foi apenas parcialmente compensada pelo crescimento do emprego na Prestação de Serviços (114.200), no Social (100.700) e no Comércio de Mercadorias (96.800), que em conjunto criaram 311.700 empregos nestes oito anos. A Indústria de Transformação eliminou ligeiramente mais empregos do que ocupações, o que só pode significar que também neste setor cresce a proporção dos operadores por conta própria. Não é que estes tenham se tornado mais competitivos em relação às empresas capitalistas. Estas é que passaram a transformar uma parcela de seus empregados em fornecedores autônomos de serviços, mediante a assim chamada *terciarização*. O mesmo está sendo feito pelos bancos, embora em Outras Atividades a queda do emprego (124.900) seja ligeiramente menor que a da ocupação (134.100).

A grande reviravolta econômica, iniciada em 1990, não consiste apenas na redução da indústria e dos bancos e no crescimento mais atenuado dos setores de serviços, mas também na contração do número de assalariados. Os resultados da PED (Pesquisa de Emprego e Desemprego) do SEADE/DIEESE, já mencionados, permitem desagregar o período e captar melhor o processo. Entre 1985 e 1989, a proporção de assalariados no total de ocupados cresceu de 70,3% para 72,1%. Mas, já em 1991, a proporção tinha caído para 67,4% e nos anos seguintes continuou caindo: 65,8% em 1993, mantendo-se neste nível em 1994. Os dados mensais mais recentes desta pesquisa indicam que entre março de 1985 e março de 1996, na RMSP, o número de ocupados cresceu 30,31%, o de assalariados do setor privado 18,51%, do setor público 27,49% e o de autônomos (ou por conta própria) 60,83%. Estes dados mostram que o desassalariamento na Grande São Paulo prossegue em ritmo cada vez mais intenso.

É interessante notar que, entre março de 1985 e março de 1990, o crescimento do número de assalariados do setor privado (23,31%) é maior que o de autônomos (8,90%). Março de 1990 é o mês em que Fernando Collor de Mello toma posse na presidência e desencadeia a recessão mediante o plano que leva o seu nome. Entre março de 1990 e março de 1993, o número de assalariados do setor privado cai 9,37%, uma contração brutal do emprego, enquanto o número de autônomos sobe 28,79%. No mesmo período, o número de desempregados na RMSP quase dobra, passando de 650 mil em março de 1990 para 1.243 mil em março de 1993. Estes dados mostram a intensidade da recessão e do processo de desassalariamento, que são distintos, mas agem no mesmo sentido, isto é, eliminam empregos.

De março de 1993 a março de 1995 a economia teve nítida recuperação. Nestes dois anos, na RMSP, a ocupação cresceu

6,79% (de 6.627 para 7.077 mil), o emprego no setor privado 8,50% (de 3.598 para 3.904 mil), o número de autônomos 9,14% (de 1.237 para 1.350 mil) e o número de desempregados decresceu 13,44% (de 1.243 para 1.076 mil). Mesmo quando a economia se recupera e o emprego cresce, o número de autônomos aumenta mais do que o de assalariados do setor privado. Os números entre parênteses dão uma ideia das dimensões da mudança, que até agora são modestas. O número de autônomos em 1995 era um pouco mais de um terço do de assalariados do setor privado, tendo tido um incremento de 113.000 em março de 1993 a março de 1995. No mesmo período, o incremento do número de empregados no setor privado foi de 306.000. O desassalariamento na Grande São Paulo teve início apenas na década de 90 e ainda não houve tempo para que seus efeitos operassem uma transformação mais ampla.

No último ano a economia voltou à recessão. Na RMSP, entre março de 1995 e de 1996, a ocupação caiu de 7.077 para 7.016 mil, o emprego no setor privado caiu de 3.904 para 3.815 mil, o número de autônomos subiu de 1.350 para 1.418 mil e o de desempregados subiu de 1.076 para 1.238 mil. Fica claro que o processo de desassalariamento, do mesmo modo que o de desindustrialização, é de caráter estrutural. É de se esperar que ele prossiga enquanto a terciarização for fator de incremento da competitividade. Os dados evidenciam também que em fases de recessão o desassalariamento se intensifica e nas fases de crescimento ele se atenua. É preciso finalmente notar que o desassalariamento é também efeito da desindustrialização, pois a Indústria de Transformação é o maior setor que emprega assalariados, ao lado da Administração Pública, do Social e de Outras Atividades. A transferência de postos de trabalho da indústria para o comércio e prestação de serviços implica também a substituição de trabalho assalariado por trabalho por conta própria.

A precarização das relações de trabalho

Outra mudança importante ocorrida nos últimos vinte anos é a substituição do emprego *formal*, ou seja, com registro do contrato de trabalho na Carteira de Trabalho (documento de cada trabalhador empregado, indispensável para assegurar-lhe os direitos legais) por emprego *informal*, ou seja, sem registro. O emprego informal é clandestino e dispensa o empregador e o empregado de recolher as contribuições à Previdência Social, ao Fundo de Garantia de Tempo de Serviço e outras, além de permitir ao patrão deixar de pagar férias, 13º Salário, Aviso Prévio etc. Estima-se que a substituição do emprego formal pelo informal reduz em mais de 50% o custo anual do trabalhador à empresa.

Sendo o emprego informal contrário à lei, ele só se efetiva com a cumplicidade do trabalhador. A pressão crescente do desemprego é fator poderoso para que grande número de pessoas aceitem o emprego informal. Grandes empresas burocratizadas dificilmente podem se entregar a práticas ilegais como o emprego informal. Estas empresas estão reduzindo seu gasto com trabalho mediante a substituição de empregados formais por pessoal *temporário*, fornecido por empresas locadoras de mão de obra e por prestadores de serviços. Além disso, a redução do emprego formal condena quantidades cada vez maiores de trabalhadores, com os graus mais diferentes de qualificação, a se engajar por conta própria, em geral prestando serviços ou comerciando em pequena escala na rua, na própria casa ou visitando locais de trabalho etc. Esta miríade de pequenos operadores, quando utiliza assalariados, quase sempre os emprega informalmente.

TABELA 3. EVOLUÇÃO DO NÚMERO DE EMPREGADOS FORMAIS E INFORMAIS, TOTAL E POR SETOR NA RMSP, EM 1981, 1985 E 1993 (EM 1.000).

SETOR	1981		1985		1993	
	FORM.	INFORM.	FORM.	INFORM.	FORM.	INFORM.
Total	3.361,6	939,2	3.881,8	1.370,9	3.535,8	1.631,8
Indust. Transform.	1.625,6	147,4	1.742,7	208,3	1.427,3	178,9
Indust. Constr.	169,6	60,1	167,0	74,7	154,2	80,6
Comerc. Mercad.	332,7	101,3	403,4	153,1	491,2	162,1
Prestaç. Serviços	292,2	295,3	389,6	453,9	352,2	605,5
Social	234,6	133,7	285,6	212,7	307,5	291,5
Outras Atividades	248,9	17,7	372,5	29,5	234,0	43,1
Atividades Restantes	458,0	183,7	521,0	238,7	569,4	270,1

Fonte: IBGE. *Pesquisa Nacional por Amostra de Domicílios, 1981, 1985 e 1993.*

A Tabela 3 descreve com precisão a gradativa informalização das relações de emprego na RMSP, entre 1981 e 1993. Entre 1981 e 1985, o número de empregados formais subiu 520,2 mil, enquanto o de empregados informais, 431,7 mil. Como no início do período havia 3,6 vezes mais empregados formais do que informais na metrópole, o incremento quase igual das duas categorias indica que a segunda cresceu em termos relativos 3 vezes mais do que a primeira. O que sugere que a informalização do emprego já estava em curso na primeira metade dos anos 80, possivelmente por causa da violenta recessão de 1981-83.

Em 1985-93, o panorama mudou inteiramente, mostrando que a informalização foi imensamente acelerada. Neste período, o emprego formal na RMSP *diminuiu* de 346,0 mil postos, eliminando dois terços do crescimento do quatriênio anterior. O emprego informal, por sua vez, continuou aumentando, num total de 260,9 mil.

Como resultado desta evolução, ao longo do período analisado, o emprego formal como porcentagem da ocupação total cai de 62,69% em 1981 para 59,97% em 1985 e para 51,84% em 1993, enquanto o emprego informal como parcela da ocupação total sobe de 17,51% em 1981 para 21,18% em 1985 e para 23,93% em 1993. Na realidade, trata-se de dois processos em geral independentes: de um lado, empregados formais são despedidos, em função da desindustrialização, da globalização e do avanço tecnológico, sendo substituídos por máquinas ou por *autônomos* subcontratados, ou os produtos que estes empregados formais faziam são substituídos por importados. De outro lado, empregados são admitidos informalmente, seja por pequenas empresas ou famílias, seja por novas subcontratadas de grandes empresas, criadas muitas vezes especificamente com esta finalidade.

Mas, mesmo independentes, o decréscimo do emprego formal e o crescimento do informal acabam operando em conjunto uma ampla mudança no mercado de trabalho. Se os empregados formais deixam de ser a maioria dos ocupados e passam a se tornar uma minoria, seus direitos legais se tornam alvos de ataques como privilégios, cuja existência passa a ser denunciada como obstáculo à expansão do emprego formal. Vejamos em que medida este processo foi condicionado também pela alteração da estrutura setorial da economia metropolitana.

Em 1981-85, do aumento de 520.200 empregos formais, 23,76% surgiram em Outras Atividades, 22,51% na Indústria de Transformação e 18,72% na Prestação de Serviços. Neste período, quase 65% do novo emprego formal, na RMSP, foram gerados no conjunto destes três setores. Os dois primeiros setores eram e continuam sendo dominados por grandes empresas e mais de 80% dos ocupados neles são empregados formais. Não surpreende que sejam estes setores que mais contribuam para a expansão do emprego formal. Mas Prestação de Serviços é sob este aspecto o oposto. Neste setor, como mostra a Tabela 3, o número de empregados informais é maior que o de formais desde 1981. Fazem parte deste setor os trabalhadores domésticos, cuja maioria é constituída por empregados informais. O mesmo deve se aplicar a inúmeros pequenos prestadores de serviços de reparação, de alimentação, de beleza e higiene pessoal etc. Como se viu anteriormente, foi neste setor que mais cresceu a ocupação na RMSP, o que explica sua destacada contribuição à expansão do emprego formal em 1981-85.

Em 1985-93, da queda de 346.000 empregos formais, 91,15% foram eliminados da Indústria de Transformação e 40,03% de Outras Atividades. A soma das porcentagens supera 100,00% porque em outros setores o emprego aumentou neste quatriênio. O exemplo mais expressivo é o Comércio de Mercadorias, onde surgiram 87,8 mil empregos formais. O corte do emprego formal na indústria e no setor financeiro deve ser atribuído ao aumento da competição externa e à expansão das importações, o que acarretou ao mesmo tempo desindustrialização, desassalariamento e informalização. No caso dos bancos, a forte queda na ocupação e no emprego deve ser atribuída às mudanças tecnológicas (emprego da computação), impostas pela necessidade de competir, e que reduzem drasticamente a utilização de mão de obra.

Analisemos agora a evolução dos empregos informais, isto é, sem carteira assinada. Entre 1981 e 1985, foram criados 431.700 destes empregos, dos quais 36,74% em Prestação de Serviços, setor em que tradicionalmente prevalece a informalidade, 18,30% no Social, 14,11% na Indústria de Transformação e 12,00% no Comércio de Mercadorias. Pode-se dizer que todos os setores, apesar da prevalência da Prestação de Serviços, participaram da expansão do emprego informal neste quatriênio.

No subperíodo seguinte, 1985-93, o número de empregos informais criados é bem menor: 260.900 e muito mais concentrado setorialmente. Mais da metade deles, 58,11%, surgiram na Prestação de Serviços e 30,20% no Social. Na Indústria de Transformação, o volume de empregados sem carteira assinada diminuiu, nos outros setores o saldo foi positivo mas de dimensões insignificantes. No contexto de redução geral do emprego, o tamanho do emprego informal só se expandiu por causa do crescimento da ocupação na Prestação de Serviços, que abriga categorias (como os trabalhadores domésticos) em que desde sempre predominou a informalidade; e por causa do crescimento da informalidade no Social.

Em contraste com 1981-85, quando cresceram tanto emprego formal quanto informal, no subperíodo 1985-93, o emprego formal se contraiu e o informal reduziu fortemente o ritmo de expansão. A Tabela 4, a seguir, com dados da pesquisa mensal de emprego e desemprego do SEADE/DIEESE, permite desagregar estes últimos nove anos em intervalos menores e estende a série até 1996.

TABELA 4. POSIÇÕES NA OCUPAÇÃO NA REGIÃO METROPOLITANA DE SÃO PAULO EM MARÇO DE 1989, 1993 E 1996 (em 1.000).

Posições	março/89		março/93		março/96	
	N	%	N	%	N	%
Ocupados	6.214	100,00	6.627	100,00	7.016	100,00
Assalariados	4.478	72,06	4.355	65,72	4.435	63,21
Ass. formais	3.296	53,04	2.966	44,76	3.022	43,07
Ass. inform.	568	9,14	631	9,52	798	11,37
Autônomos	969	15,59	1.237	18,67	1.418	20,21

Fonte: SEADE/DIEESE. Pesquisa de emprego e desemprego na Grande S. Paulo[1].

---

[1] Nesta tabela, os Ocupados compreendem as posições explicitadas e mais as de Empregadores e Trabalhadores Domésticos; por isso a soma das porcentagens de Assalariados e Autônomos é inferior a 100%. Os Assalariados compreendem, além dos Formais e Informais, os Empregados Estatutários do setor público.

A Tabela 4 mostra que o desassalariamento teve lugar principalmente entre 1989 e 1993, quando a parcela dos assalariados no total de ocupados caiu de 72,06% para 65,72% e o seu número absoluto diminui de mais de 100 mil. Em 1993-96, o declínio da parcela dos assalariados foi menor e o seu número cresceu, quase alcançando o nível de 1989. Já a informalização se intensificou nos últimos três anos, quando sua parcela do total de ocupados subiu de 9,52% para 11,37% e o seu número absoluto aumentou de 167 mil, ou seja, de mais de um quarto. Quanto aos autônomos, seu maior crescimento se verifica em 1989-93, como contrapartida à diminuição dos assalariados; em 1993-96, o seu crescimento relativo e absoluto prossegue, porém, em ritmo menor.

É possível que o desassalariamento em 1989-93 tenha sido substituído pela informalização em 1993-96, já que ambas as mudanças nas relações de produção dão o mesmo resultado para o capital: poupam-lhe os encargos trabalhistas, o chamado salário indireto. Seja como for, do ponto de vista dos trabalhadores, o efeito negativo decorre das duas mudanças, isto é, reduz-se cada vez mais o volume de trabalhadores regularmente empregados, gozando plenamente dos direitos trabalhistas, assegurados em lei. Estes eram, em 1989, cerca de 3,3 milhões e 53% dos ocupados na metrópole; seis anos mais tarde, eram somente 3 milhões, representando apenas 43% dos ocupados. Obviamente, isso tem um efeito desmoralizante sobre os sindicatos, cuja representatividade é corroída à medida que sua pretensão de falar pelo mundo do trabalho ou ao menos de sua parcela majoritária torna-se crescentemente insustentável.

Na realidade, a organização dos trabalhadores é atingida ao mesmo tempo pela precarização – a soma de desassalariamento ou *terciarização* e de informalização – e pelo desemprego, que também é crescente. Para estimar esta soma, vamos considerar como precários todos os autônomos[2] e todos os assalariados informais e somá-los aos desempregados. Em 1989, este total era de 2.266 mil e constituía 32,64% da PEA (População Economicamente Ativa); em 1993, já eram 3.111 mil e 39,53% da

---

[2] Uma parte dos autônomos é constituída por profissionais bem pagos, o que leva a superestimar o número de realmente precários. Mas, por falta de informação, estamos deixando de considerar os trabalhadores domésticos. É possível que os dois desvios em grande medida se compensem.

PEA; e em 1996 somavam 3.454 e eram 41,85% da PEA. Para todos os efeitos práticos estes números retratam o crescimento quase explosivo do que se poderia considerar um *exército industrial de reserva*, ou seja, o conjunto dos que estão excluídos do emprego formal e estão ansiosos para adquirir este *status*. O peso rapidamente crescente deste exército se constitui em barreira para as organizações sindicais cumprirem seu papel. A mobilização para lutas coletivas, até mesmo para defender o salário, tem perdido fôlego durante este período, mesmo após o fim da fase recessiva e da breve recuperação de 1993-95.

A repartição da renda do trabalho

Examinemos, finalmente, qual o efeito das crises industriais e da desindustrialização, ocorrida entre 1976 e 1993, sobre a repartição da renda dos ocupados que obtiveram renda, já que os *não remunerados* partilharam a renda dos parentes para quem trabalharam. A base de dados são os resultados da PNAD de 1976, 1985 e 1993, que são expressos em salários-mínimos (SM) em vigor nas datas dos levantamentos. Para facilitar a comparação, calculamos três medidas: o 1º Quartil, que é a renda máxima dos 25% de menor renda; a Mediana, que é a renda máxima dos 50% de menor renda (ou a renda mínima dos 50% de maior renda); e o 3º Quartil, que é a renda máxima dos 75% de menor renda (ou a renda mínima dos 25% de maior renda).

Os dados da Tabela 5 indicam que os Assalariados Formais tiveram melhora de renda ao longo do período, com aumentos expressivos do 1º Quartil, da Mediana e do 3º Quartil. Os Assalariados Informais teriam sofrido perda de renda em 1976-85 que teria continuado, exceto o 1º Quartil, em 1985-93. Os Autônomos também teriam perdido renda em 1976-85, recuperando parte da perda em 1985-93.

Estas mudanças, no entanto, para refletirem alterações de renda real, pressupõem que o valor real do salário-mínimo ter-se-ia mantido constante em 1976, 1985 e 1993. Para verificar isso é necessário deflacionar o salário-mínimo. Usando-se o ICV-FIPE (Índice de Custo de Vida da Fundação Instituto de Pesquisas Econômicas da USP), conclui-se que efetivamente o salário-mínimo nestes três anos tinha valor real quase constante.

Mas, dadas as imensas inflações neste período, pequenas diferenças anuais entre índices resultam em desníveis pronunciados em períodos mais longos. Para o subperíodo 1976-85, o ICV-DIEESE (Índice de Custo de Vida do Departamento Intersindical de Estatística e Estudos Socioeconômicos) indica que o salário-mínimo perdeu 10,4% do seu valor real. Para o subperíodo 1985-93, o ICV-DIEESE indica que o salário-mínimo perdeu 33,4% de seu valor real, ao passo que o INPC (Índice Nacional de Preços ao Consumidor, levantado pelo IBGE) revela perda menor, 22,1%. Como o INPC começou em 1985, não foi possível utilizá-lo para o subperíodo anterior.

TABELA 5. REPARTIÇÃO DA RENDA DE ASSALARIADOS FORMAIS, INFORMAIS E AUTÔNOMOS NA RMSP EM 1976, 1985 E 1993
1º QUARTIL, MEDIANA E 3º QUARTIL (EM SM).

Posição	Medida	1976	1985	1993
Assalariados formais	Número (em mil)	3.043,2	3.881,8	3.916,0(2)
	1º Quartil	1,546	1,778	1,943
	Mediana	2,783	3,364	3,616
	3º Quartil	4,721	5,503	6,287
Assalariados informais	Número (em mil)	629,6(1)	1.371,0(1)	1.247,6(2)
	1º Quartil	0,903	0,814	0,834
	Mediana	1,682	1,567	1,471
	3º Quartil	3,863	3,556	2,872
Autônomos	Número (em mil)	592,2	907,7	1.137,4
	1º Quartil	2,018	1,230	1,783
	Mediana	4,203	2,803	3,641
	3º Quartil	8,138	5,613	6,987

(1) Assalariados Informais incluem não só os empregados sem registro em carteira mas também os servidores públicos estatutários, que não são regidos pela CLT (Consolidação das Leis do Trabalho), mas são formais. Infelizmente, não foi possível separá-los dos realmente informais.
(2) Em 1993, os servidores públicos estatutários estão incluídos nos Assalariados Formais e os trabalhadores domésticos nos Assalariados Informais.

Fonte: IBGE. Pesquisa Nacional por Amostra de Domicílios, 1976, 1985 e 1993.

Há bons motivos para crer que o ICV-FIPE tinha tendência de subestimar um tanto a inflação e que no período mais recente o ICV-DIEESE tinha a tendência de superestimá-la. Por isso, adotamos na Tabela 6, a seguir, o deflator do salário-mínimo indicado pelo ICV-DIEESE para 1976-85 e o deflator indicado pelo INPC para 1985-93.

TABELA 6. REPARTIÇÃO DA RENDA DE ASSALARIADOS FORMAIS, INFORMAIS E AUTÔNOMOS NA RMSP EM 1976, 1985 E 1993
1º QUARTIL, MEDIANA e 3º QUARTIL (EM SM DEFLACIONADOS).

Posição	Medida	1976	1985	1993
Assalariados formais	Número (em mil)	3.043,2	3.881,8	3.916,0(2)
	1º Quartil	1,546	1,589	1,343
	Mediana	2,783	3,007	2,510
	3º Quartil	4,721	4,919	4,363
Assalariados informais	Número (em mil)	629,6(1)	1.371,0(1)	1.247,6(2)
	1º Quartil	0,903	0,728	0,579
	Mediana	1,682	1,401	1,021
	3º Quartil	3,868	3,179	1,993
Autônomos	Número (em mil)	592,2	907,7	1.137,4
	1º Quartil	2,018	1,100	1,241
	Mediana	4,203	2,506	2,534
	3º Quartil	8,138	5,018	4,863

(1) Assalariados Informais incluem também os servidores públicos, pelas razões apontadas em nota da Tabela 5.
(2) Em 1993, os servidores públicos estatutários estão incluídos nos Assalariados Formais e os trabalhadores domésticos nos Assalariados Informais.

Fonte: IBGE. *Pesquisa Nacional por Amostra de Domicílios, 1976, 1985 e 1993.*

A Tabela 6 deixa claro que a repartição da renda do trabalho é bastante diferente e evoluiu de forma diversa para as três categorias de ocupados. No subperíodo 1976-85, os Assalariados Formais tiveram pequenos ganhos (+8% na Mediana) enquanto os Assalariados Informais e os Autônomos sofreram perdas expressivas. Neste subperíodo, os Informais mais do que dobraram o seu número, que passou de 629,6 para 1.371 mil, o que coincidiu com a expansão dos serviços na RMSP. Os dados da Tabela 6 indicam que esta expansão via informalização se deu mediante baixa do salário real (a Mediana dos Informais caiu 16,7%). Como as três medidas – Mediana, 1º e 3º Quartis – diminuíram mais ou menos na mesma proporção, o grau de desigualdade na repartição não deve ter mudado.

Já os Autônomos tiveram perdas muito maiores em 1976-85: sua Mediana caiu 40,4%. Seu número também aumentou fortemente, passando de 529,2 para 907,7 mil, possivelmente pelo efeito combinado de crise industrial e desassalariamento. A crise industrial multiplicou a ocupação em serviços, em que a proporção de autônomos é alta; e o desassalariamento transferiu do emprego sobretudo industrial ou bancário, como vimos, grande número de trabalhadores para a atividade por conta própria, enquanto fornecedores de serviços que antes prestavam como assalariados. Os dados da Tabela 6 mostram que estas mudanças estruturais se deram com grande degradação do nível de renda.

É importante notar que, em 1976, os Autônomos tinham nível de renda muito maior que os Assalariados Formais (sem falar dos Informais). A Mediana dos Autônomos (4,2 SM) era 50% maior que a dos Assalariados Formais (2,8 SM). Provavelmente, grande parte dos Autônomos era então constituída por profissionais com graus altos e médios de qualificação. Entre 1976 e 1985, a categoria deve ter sido invadida por muitos trabalhadores, excluídos do trabalho assalariado pela crise industrial de 1981-83 ou pela terciarização, com considerável perda de renda; o que explicaria a forte redução da renda dos Autônomos, cuja Mediana, em 1985, já era inferior à dos Assalariados Formais.

No segundo subperíodo, 1985-93, os Assalariados Formais e Informais perderam renda real enquanto os Autônomos recuperaram ligeiramente a deles. Os Assalariados Formais estagnaram em número entre 1985 e 1993 (menos de 1% de crescimento), o que levaria a esperar que os trabalhadores que conseguiram reter este *status* mantivessem sua renda real. Mas certamente não foi o que aconteceu. No subperíodo em questão, o 1º Quartil e a Mediana caíram mais de 16% cada, ao passo que o 3º Quartil caiu apenas 11,4%, o que indica que a renda do trabalho dos Assalariados Formais se concentrou mais.

A explicação mais provável para esta evolução desfavorável reside nas mudanças estruturais analisadas anteriormente. A desindustrialização é a mais importante, sendo a matriz da qual se desdobram o desassalariamento e a informalização. A desindustrialização resulta do aumento da concorrência, provocada pela abertura do mercado interno, e que induziu as empresas a cortar custos mediante redução do emprego e corte dos salários. Os dados da Tabela 6 mostram que os Assalariados Formais, que escaparam do corte do emprego, sofreram redução de sua renda. As empresas devem ter aproveitado o aumento do *turnover* para trocar empregados de salários mais altos por outros de salários menores.

Os Assalariados Informais tiveram perdas de renda maiores: -20,5% no 1º Quartil, -27,1% na Mediana e -37,3% no 3º Quartil. Mas no caso desta categoria há um viés: em 1976 e 1985 ela inclui os funcionários públicos que, sendo estatutários, não têm registro em carteira mas nem por isso são informais. A disponibilidade de dados desagregados para 1993 permitiu incluir os funcionários públicos entre os Assalariados Formais. A grande queda da renda dos Assalariados Informais em 1993 comparada com 1985 pode ser devida, inteiramente ou em parte, à retirada dos funcionários naquele ano em comparação com este.

Finalmente, os Autônomos tiveram em 1985-93 uma recuperação do 1º Quartil (+10,4%), quase estagnação da Mediana (+1,1%) e pequena perda do 3º Quartil (-3,1%). O mais notável é que com estes dados não há dúvida de que a renda dos autônomos se desconcentrou em 1985-93. Admitindo que os Autônomos do 3º e 4º Quartis devem ser profissionais de melhor qualificação, eles foram os que mais perderam renda neste subperíodo, provavelmente porque, em função da crise industrial e da desindustrialização, o desemprego também os atingiu, não diretamente mas mediante concorrência mais intensa de profissionais demitidos por empresas.

É interessante observar que, em 1985-93, a repartição da renda tanto dos Autônomos como dos Assalariados Informais se desconcentrou, por causa de perdas de renda nos estratos mais altos. Só um estudo da repartição da renda mais desagregado poderia permitir a formulação de hipóteses a respeito deste fenômeno. Mas o acompanhamento da evolução cotidiana do mercado de trabalho metropolitano transmite a mesma impressão, isto é, de que a chamada *classe média profissional*, relativamente preservada até a década passada, está sendo atingida pelas mudanças analisadas neste estudo. A multiplicação de todo o tipo de *consultores, freelancers, operadores individuais* etc., a exposição a longos períodos de desemprego de ex-executivos, ex-técnicos, com larga experiência e outros fenômenos análogos deixam perceber que isso está efetivamente ocorrendo. No bojo da crise, a renda se desconcentra porque os antigos privilegiados também estão perdendo. É o que já foi chamado de desconcentração *perversa*, pois a melhora relativa dos pobres na estrutura de repartição de renda não passa de *menor piora*, ou seja, numa situação de esvaziamento econômico, perdem mais os setores que mais têm a perder.

Conclusão

A atual situação social e econômica da RMSP representa um verdadeiro desafio, principalmente às forças progressistas, que governaram a Capital e as maiores cidades da região em 1989-92 e têm boas possibilidades de voltar a governar grande parte delas a partir de 1997. É pouco provável que as condições de abertura do mercado e de ajuste estrutural via mecanismos de mercado, decorrentes das opções políticas do governo federal, sejam alteradas nos próximos anos. Trata-se portanto de enfrentar a desindustrialização e as tendências dela decorrentes – o desassalariamento e a informalização – num contexto de reduzido crescimento econômico e elevado desemprego.

Uma opção possível e que está sendo implantada em alguma medida por prefeituras e governos estaduais são as chamadas políticas compensatórias. Trata-se basicamente de desenvolver programas de combate à miséria extrema, como por exemplo os programas de garantia de renda familiar mínima para famílias com crianças em idade escolar, com a finalidade de oferecer um incentivo material para que estas crianças frequentem a escola em vez de "ganhar a vida" prematuramente nas ruas. Este é, aliás, um exemplo recente e ao que parece muito exitoso. De um modo geral as políticas compensatórias estão longe de compensar efetivamente os efeitos do esvaziamento econômico, representando na melhor das hipóteses um alívio, sem reverter as tendências estruturais que os originam.

A opção por políticas compensatórias, apesar de seu caráter limitado, de modo algum pode ser menosprezada. Ela contribui para conter e, quem sabe, até diminuir os efeitos cumulativos da perda de postos de trabalho, da perda de qualidade de grande parte dos postos remanescentes, do incremento sistemático da marginalidade, da criminalidade, da violência repressiva pública e privada – sem falar do silencioso agravamento do desânimo, do cinismo, da alienação... Tudo o que pode contribuir para contrariar esta tendência tem de ser experimentado. Mas, indiscutivelmente, a opção de que a metrópole paulista mais precisa é que algo seja empreendido para reverter a mudança estrutural, ensejando a abertura de um novo ciclo de crescimento econômico, para aproveitar a capacidade humana de produzir antes que a ociosidade indesejada a deteriore.

Isso significa criar novas empresas, fora do circuito do setor público (que está em crise e sendo privatizado) e do circuito do setor privado capitalista, cujo dinamismo insuficiente é a razão principal do esvaziamento.[3] Em termos concretos, o estado nacional está sendo impedido de implementar políticas desenvolvimentistas porque poderiam ser inflacionárias, o que é um argumento devastador dada a longa e trágica experiência do Brasil. Em duas eleições nacionais sucessivas (1989 e 1994), maiorias nítidas endossaram a privatização do setor público produtivo e dos serviços públicos, a priorização da estabilidade e a submissão do desenvolvimento à dinâmica do capital internacionalizado. É portanto realista não contar com o governo federal para reverter o esvaziamento dos centros industriais do país.

A opção que estamos discutindo é como eventualmente abrir um novo ciclo de crescimento a partir de iniciativas de governos municipais, em parceria com forças da sociedade civil. O fator que dá alguma viabilidade a tal opção é a disponibilidade de grande número de produtores potenciais cujo custo de oportunidade é muito baixo, ou seja, mais de 40% da População Economicamente Ativa constituída por autônomos, informais e desempregados, que em sua maioria estão semi ou inteiramente ociosos e ganham menos do que precisam. As empresas capitalistas não têm como

---

[3] Usamos a palavra *esvaziamento* e não *crise* porque se trata de tendência estrutural, produzida pelo atual ciclo tecnológico, a Terceira Revolução Industrial e pela política econômica pré-keynesiana, imposta pela contrarrevolução liberal em curso.

aproveitar este potencial porque a política econômica as obriga a conter sua produção e acumulação de capital em estreitos limites. O excedente social que elas captam é em grande parte esterilizado em aplicações financeiras na dívida pública, cujo serviço contribui para eternizar a chamada *crise fiscal do Estado*.

O novo ciclo de crescimento terá de ser aberto sem contar com parte significativa do atual excedente social, o que não deve ser um impedimento, pois cada ciclo novo pode gerar o excedente de que se alimenta. O desafio essencial está no *campo institucional*: como gerar as formas de organização adequadas dos produtores, para que estes possam ativar sua capacidade de produção e colocar no mercado produtos que possam ser vendidos por preços que permitam saldar todas as despesas e proporcionem aos produtores, no mínimo, mais do que o seu ganho atual. Todas as formas de organização são válidas, de empresas privadas isoladas, franqueadas, associadas etc. a empresas coletivas, como cooperativas, comunidades de produção e o que mais puder ser inventado e experimentado. O mais difícil não é provavelmente encontrar uma fórmula organizacional ideal mas mobilizar a iniciativa da grande massa de inativos e marginalizados, para que se disponham a *empreender* e desta forma gerem diversas fórmulas organizacionais a serem testadas na prática.

Este portanto seria o desafio, colocado por exemplo para governos municipais progressistas dispostos a ir além das políticas compensatórias de alcance limitado. Em cidades de grande porte e sobretudo num conjunto urbano gigantesco, como é a RMSP, governos municipais detêm recursos econômicos apreciáveis. É provável que bastassem para começar a financiar a criação de novas empresas desenhadas deliberadamente para escapar do ambiente econômico adverso ao crescimento em que estão inseridas as empresas capitalistas *normais*. Diferentes tipos de desenho deveriam ser testados em escala piloto, para selecionar os melhores. A título apenas de ilustração, se poderia imaginar um sistema de cooperativas de produção e de cooperativas de consumo, formadas durante uma fase embrionária apenas por sub ou desempregados, que se constituiria numa unidade autossuficiente de oferta e de demanda capaz de crescer sem invadir os mercados das empresas já funcionantes.

Só a prática social pode determinar qual o melhor desenho organizacional para desempenhar esta função. Nos tempos de

Keynes e do fastígio de seu pensamento, o desenho organizacional que parecia óbvio era a empresa estatal (em diversas modalidades: autarquia, empresa de economia mista etc.) e efetivamente ela foi em muitos países a base do grande ciclo de crescimento que hoje saudosamente é relembrado como *anos dourados*. Hoje a empresa estatal é um sorvedouro não legitimado de recursos e a empresa capitalista globalizada é prisioneira de mercados financeiros, liderados por governos e grandes conglomerados financeiros, que temem muito mais o pleno emprego e a inflação do que a estagnação e a marginalização. A opção que estamos discutindo é, no fundo, apostar que outra forma de empresa, mais eficiente e responsável que a estatal e não submissa aos ditames do capital financeiro, pode ser encontrada, se um número suficiente de tentativas puder ser suscitado e viabilizado.

Esta opção obviamente não é específica para a Grande São Paulo porque o esvaziamento que a atinge tampouco é específico. Mas sua formulação tem por base a experiência recente circunscrita ao país em que esta metrópole se encontra, já que é esta experiência que lhe fornece os parâmetros culturais, políticos e sociais. No mundo atual, desafios como estes confrontam todos os governos que querem acabar com a letargia econômica e a exclusão social, que caracterizam tantas economias metropolitanas. O interesse no caso de São Paulo reside na gravidade que os efeitos do esvaziamento atingiram aí e nas potencialidades existentes para tentar reverter uma tendência mundial a partir de iniciativas locais. O movimento operário na RMSP tem condições excepcionais para mobilizar parcelas do exército industrial de reserva existente e com algum apoio municipal ou intermunicipal suscitar a criação de novas iniciativas no sentido aventado.

3. A exclusão social sob duas óticas

Individualismo e estruturalismo

Este estudo, elaborado para o Instituto Internacional de Estudos do Trabalho, tenta colocar o debate sobre a exclusão social no capitalismo hodierno sob a luz das concepções básicas que seguem disputando corações e mentes da humanidade e pretende utilizar estas concepções na análise dos processos de exclusão social presentes no Brasil nas últimas décadas[1]. Estas concepções – *individualismo e estruturalismo* – estão, intencionalmente ou não, na raiz da maior parte das abordagens e soluções propostas para a questão. Apesar de, na maioria das vezes, as causas individuais bem como estruturais da exclusão social serem conhecidas, batalhas ideológicas e políticas são travadas entre partidários de uma e de outra concepção em torno do que fazer quanto à exclusão social.

Os individualistas veem todas as instituições que se propõem a proteger o trabalhador contra os riscos de vida e riscos econômicos como obstáculos para a expansão da atividade econômica e do emprego e, portanto, como fator de agravamento da exclusão social. Destarte, além de defender medidas que reforcem a acumulação de capital humano, aquilo que mais exigem é o desmantelamento das instituições de bem-estar social e a desregulamentação do mercado de trabalho. Os estruturalistas, por outro lado, enxergam o mercado como um jogo econômico que produz vencedores e perdedores, estes últimos candidatos certos a se tornarem párias sociais. Do seu ponto de vista, as instituições de bem-estar social são indispensáveis à proteção dos perdedores e para proporcionar-lhes oportunidades, a fim de retornarem ao jogo do mercado com alguma chance. Para os estruturalistas, o

---

[1] A segunda parte do estudo, que trata da exclusão social no Brasil, constitui o capítulo 4, a seguir. A bibliografia dos capítulos 3 e 4 está no final deste último.

desmanche do estado de bem-estar social, que tem lugar hoje em quase toda a parte, é possivelmente a principal causa de agravamento da exclusão social na maioria dos países.

Visto que o fosso entre estruturalistas e individualistas continua se aprofundando, parece valer a pena expor seus argumentos de forma sistemática e com precisão, para que as contradições aflorem, claras e inteligíveis. Na sequência, nenhuma tentativa de síntese é feita. A ideia é antes testar ambas as abordagens do assunto na sua pureza e unilateralidade. Na primeira parte do trabalho isto é feito por meio da exploração e do esclarecimento dos aspectos teóricos da exclusão social. A interpretação da exclusão social no Brasil, uma das sociedades mais desiguais do mundo, é feita na segunda parte do trabalho (Capítulo 4). Nesta última são analisados dados estatísticos, e um retrato do incremento da exclusão social, do aprofundamento da desigualdade e do crescimento da pobreza emerge.

Pode ser de utilidade discutir aqui as noções de desigualdade, pobreza e exclusão social, que estão altamente inter-relacionadas, mas que devem ser distinguidas. Desigualdade refere-se principalmente à renda, consumo ou acesso a serviços e oportunidades. Isto é inteiramente relativo: o grau de desigualdade pode ser determinado apenas ao se examinar a situação do grupo ou sociedade como um todo, dimensionando a posição de seus componentes e determinando a extensão das diferenças entre eles. A desigualdade pode se revelar muito difícil de ser medida. Porém o senso comum identifica com facilidade as sociedades nas quais os cidadãos compartilham (em distintos patamares) de um padrão de vida e sociedades nas quais não existe comensurabilidade entre o modo de vida do rico e as estratégias de sobrevivência do pobre.

Os estruturalistas enxergam a desigualdade como uma decorrência natural da economia de mercado, que precisa ser contrabalançada por mecanismos que redistribuam a renda, direta ou indiretamente, dos ricos aos pobres. Os individualistas atribuem a maior parte da desigualdade às tentativas bem-intencionadas, contudo contraproducentes, de resolvê-la por meios institucionais. Eles vislumbram a origem da desigualdade nas naturais e inevitáveis diferenças entre os indivíduos. Por fim, nem todo o mundo tem ambições materiais, e fatores como sorte e dons inatos desempenham também o seu papel na explicação da desigualdade. É de se notar que os mais radicais ou coerentes individualistas recusam a própria noção de desigualdade, pois isto significa que ela é indesejável e deve ser combatida. Eles argumentam que, se os indivíduos são livres para ir em busca de seus interesses, sejam quais forem os resultados, não há sentido em comparar suas situações como se todos almejassem o mesmo objetivo.

A pobreza é vista também como uma situação relativa, que deve, contudo, ser relacionada com a medida absoluta de um *mínimo*. Apesar de este mínimo de consumo, de condições de vida etc. diferir entre os diversos países e mudar continuamente, há uma espécie de referência comum na noção das necessidades básicas, cuja satisfação deve ser assegurada a todos. Pobres são os desprovidos da satisfação daquilo que se considera suas necessidades básicas. Tal definição de pobreza praticamente exclui a hipótese de que poderia haver "pobre voluntário" ou "pobre por escolha própria", visto que pobreza, neste sentido, implica padecimento por privação do mínimo necessário para manter a pessoa viva e saudável.

Ainda assim, estruturalistas e individualistas divergem amplamente sobre o que fazer para combater a pobreza. Como é de se esperar, os estruturalistas querem engajar o governo sistematicamente na distribuição da renda, em espécie ou em natura, de tal sorte que ninguém corra o risco de não ver atendidas suas necessidades básicas. Os individualistas veem esses esforços como o melhor caminho para criar um crescente exército de pobres profissionais. Eles acham que tudo deve ser feito para incentivar o pobre a ajudar a si mesmo para sair da pobreza, trabalhando duro, mantendo-se sóbrio e cultivando hábitos de autodisciplina, economia, calculismo[2] e assim por diante.

Finalmente, a exclusão social pode ser vista como uma soma de várias exclusões, habitualmente muito inter-relacionadas. Aqueles que foram expulsos do mercado de trabalho formal, ou do mercado da residência formal (em contraste com o informal, formado por cortiços e favelas), ou da escola, ficam em

---

[2] Constante preocupação em calcular custos e benefícios decorrentes de cada opção.

desvantagem na competição por novas oportunidades, tornando-se candidatos prováveis a novas exclusões. Contrariamente à desigualdade e pobreza, que são situações, a exclusão social é um processo, embora captado estatisticamente pelo número de excluídos. Todavia, entender a exclusão social através do número de excluídos poderia induzir enormemente a erro. Tomemos o desemprego, uma das mais importantes formas de exclusão social, como exemplo. A contagem de pessoas desempregadas num momento dado não revela o processo pelo qual as pessoas ingressam no mercado de trabalho: pela migração, abandono da escola, deixando ou perdendo o emprego etc. Um jovem ou uma moça à procura de trabalho temporário não deveria ser considerado *excluído*, mas um trabalhador mais velho, que esgotou o seguro-desemprego sem ter encontrado trabalho, deveria ser assim considerado. E mais importante ainda, o desemprego não é gerado na casa do trabalhador e sim na empresa, onde as mudanças tecnológicas, a competição internacional, o risco de uma aquisição hostil[3] e outros fatores determinam uma política de emprego que pode criar mais ou menos desemprego.

O processo de exclusão social pode levar a mais desigualdade e certamente a mais pobreza, porém não deve ser confundido com seus resultados. Na economia capitalista atual, o único meio de reduzir, com a esperança de eliminar, a exclusão social seria reforçar a inclusão social até abarcar todo o mundo. Aqui, outra vez, individualistas e estruturalistas veem a questão diferentemente. Os individualistas concebem a inclusão social como resultado das ações individuais – como abrir novos negócios, competir pelos empregos, ir à escola para adquirir qualificação e assim por diante. Eles ignoram a barreira representada pela falta de capital e enfatizam a importância da dedicação, vontade e persistência. Os estruturalistas fazem o contrário: acentuam a incapacidade do capitalismo de engendrar um processo de inclusão social verdadeiramente para todos e enxergam os excluídos como vítimas da lógica do capitalismo ou do *laissez-faire*. Consideram como dever do Estado a promoção de um processo público de

---

[3] O risco de aquisição hostil consiste na possibilidade de uma empresa ter a maioria de suas ações comprada por um grupo hostil aos seus controladores atuais.

inclusão social, sustentando e treinando os desempregados, financiando e assistindo de diversas maneiras a pequenas empresas ou comunidades de trabalho redistribuindo terras subutilizadas entre os camponeses etc. A luta ativa contra a discriminação de raça e de gênero seria outra importante forma de geração de um processo de inclusão social patrocinado publicamente.

Reflexões sobre as origens da exclusão social em economias capitalistas

Formas e significados da exclusão social

É sem dúvida incomum uma pessoa estar *completamente* excluída ou incluída no tecido social. A exclusão social deve ser encarada como uma questão de grau. Contudo, nos países do Terceiro Mundo, existe uma forma de exclusão social que é fundamental: a exclusão econômica. É a forma mais ampla, e suas vítimas estão provavelmente excluídas da maioria das outras redes sociais. Os sem-teto são uma consequência da exclusão econômica, que ocorre quando a pessoa perde o seu emprego, esgota o seguro-desemprego e gasta suas economias na desesperada batalha para manter as aparências. Aqueles que não podem conseguir os recursos para possuir ou alugar uma moradia normal acabam nas ruas, perdendo desse modo qualquer possibilidade de "manter-se em contato com o mundo" pelo correio, telefone e assim por diante. Se alguém deixa de ter endereço, segue-se daí uma exclusão social total como consequência da desvinculação social.

A condição de sem-teto pode ser considerada como uma forma extrema de exclusão social. Formas mais brandas de exclusão têm também como uma de suas causas principais a falta de renda adequada. Discriminação de raça e gênero é habitualmente condicionada pela pobreza. No Brasil, isto é particularmente evidente na discriminação racial das pessoas cuja tez não é inteiramente branca ou negra. É fato bem conhecido que esta gente é considerada "branca" se goza de uma renda confortável e do correspondente *status* social e "negra" se ocorre o contrário. A discriminação de gênero tem também, no Brasil, um outro forte correlato de renda. A maior parte dos avanços na direção da igualdade entre homens e mulheres foi registrada entre os estratos acima da média de escolaridade. As mulheres superaram barreiras à sua participação em quase todas as categorias profissionais significativas, de jornalistas a médicas, de juízas a senadoras e governadoras. Contudo, a situação das mulheres das "classes populares" mudou muito menos, e um número crescente delas foi levado à carência econômica ao se tornarem chefe de família.

Para se obter uma melhor compreensão da exclusão social, não é necessário aparentemente uma exaustiva classificação de formas de exclusão mas uma percepção mais exata de como elas se inter-relacionam. Em distintas sociedades, a forma fundamental de exclusão social pode diferir. Todavia, nos países do Terceiro Mundo (e esse é certamente o caso do Brasil) é um truísmo dizer que a grande maioria dos socialmente excluídos é formada por gente excluída das principais fontes de renda, considerando-se como pertencente, em geral, às "posições de classe" que formam a assim chamada *economia formal*: empresários, executivos, trabalhadores assalariados de diversos níveis, autônomos. Os excluídos de semelhantes posições de classe são forçados a ganhar a vida em ocupações precárias como atividades sazonais ou trabalhos semiclandestinos: vendedores ambulantes, lavadores de carro, guardadores autonomeados de carros estacionados em lugares públicos etc. Eles participam não somente do assim chamado *mercado de trabalho informal* como produtores, mas também dos chamados *assentamentos informais* como moradores; o que implica a utilização de todo o tipo de mercados de consumo *informal*, como os camelôs, atendimento informal de saúde e coisas do gênero. No Brasil, a exclusão das instituições formais é fortemente condicionada por fatores econômicos.

A maioria dos brasileiros trabalha, compra e vive informalmente porque sua situação econômica não lhe oferece qualquer outra alternativa. A demanda *formal* por trabalho é de longe demasiado pequena para abranger todos aqueles que querem e precisam trabalhar. Exigências legais para o estabelecimento de assentamentos *formais* são de tal natureza que, mesmo em São Paulo, a maior e mais rica cidade do Brasil, 65% dos habitantes vivem em conjuntos *informais*, principalmente porque não têm recursos para pagar o preço de uma residência decente.

A maior parte desta gente não tem inclusive meios para enviar as crianças à escola pública após o primeiro grau ou para usar os serviços das clínicas normais de saúde.

Teorias das causas da exclusão social

A exclusão social pode ter causas individuais bem como estruturais. Normalmente se procuraria a combinação de *fatores condicionantes*, como malogros individuais para competir com êxito por empregos ou clientes, ou por vagas no sistema escolar e residencial, com *fatores estruturais*, como a distribuição da propriedade de ativos, a composição setorial da atividade econômica e do emprego, as regras da negociação salarial etc.

Uma das pressuposições ao se lidar com a exclusão social é a de que ela é resultado de fatores individuais. As pessoas são excluídas porque não possuem as qualificações exigidas pelo mercado, ou porque elas deixam de migrar para onde suas habilidades são requeridas, ou porque suas prioridades são tais que elas preferem permanecer ociosas, fora dos relacionamentos econômicos e sociais que criam a *normalidade*. Este ponto de vista, que poderíamos chamar de *concepção individualista*, sublinha o papel das barreiras sociais erigidas por regulamentações legais que originalmente tinham a intenção de proteger aqueles considerados social e economicamente em desvantagem. Por exemplo, a legislação do salário-mínimo: mesmo que trabalhadores não qualificados estejam dispostos a aceitar salário abaixo do mínimo, a legislação impede-os, obrigando-os a permanecer ociosos ou a aceitar emprego informal. Estes obstáculos deveriam portanto ser removidos de modo a reduzir a exclusão social. Mas os principais esforços contra a exclusão social deveriam ser dirigidos ao indivíduo para dotá-lo de melhor qualificação e/ou mais motivação – ambos como resultado esperado da educação.

Outra pressuposição é a de que as principais causas da exclusão social são *estruturais*: qualquer economia de mercado é feita de estruturas – negócios, departamentos governamentais, organizações não lucrativas – que são os mais importantes canais da integração econômica. Numa economia dessas, o acesso à produção social bem como ao consumo do produto social é condicionado por mecanismos competitivos de mercado, que simplesmente não podem assegurar que todos aqueles que necessitam sejam contemplados. O tamanho da demanda por trabalho depende da soma das decisões individuais de produção de um grande número de estruturas em competição. De acordo com Keynes, estas decisões são amplamente condicionadas pela proporção da renda total que os consumidores decidem gastar e pela proporção da mesma renda total que os empresários decidem investir, isto é, gastar na aquisição dos meios de produção. Consequentemente, a demanda por trabalho pode ser de qualquer grandeza, menor, igual ou maior do que a oferta de trabalho, ou seja, o número daqueles que desejam (e necessitam) trabalhar pelo salário corrente. Os partidários da concepção individualista replicam que a oferta e a procura por trabalho podem ser sempre equilibradas, ajustando o salário para cima ou para baixo. Contudo Keynes mostrou que, quando a demanda por trabalho é menor do que a oferta, a causa básica é sempre consumo insuficiente e qualquer redução adicional dos salários forçaria todos os trabalhadores a diminuir ainda mais seu consumo. Portanto, é provável que a maior parte do desemprego seja involuntária. Isto quer dizer que a exclusão social é principalmente determinada pela dinâmica das empresas e outras estruturas supridoras de renda, e não pode ser sobrepujada atuando-se sobre a oferta de trabalho. Esta forma de pensar pode ser chamada de concepção *estruturalista* (em oposição à *individualista*).

Finalmente, é necessário assinalar que este contínuo debate entre os partidários dessas duas concepções opostas, que ocorre desde os anos 30, foi ganho pelos estruturalistas, sob a bandeira do keynesianismo, nos anos 40 e 50. Nessa época, a ideia de que o governo deveria perseguir políticas ativas de pleno emprego tornou-se consensual. Todavia os resultados desejados, bem como os não desejados, dessas políticas – o bem-estar de uma significativa maioria da população trabalhadora nos países desenvolvidos juntamente com a inflação crescente e com a deterioração das contas externas – reacenderam o debate nos anos 70 e desta vez a vitória coube aos individualistas, sob a bandeira do neoliberalismo. Desde os anos 80 um novo consenso foi firmado: qualquer tentativa dos governos de estimular diretamente a expansão do emprego é em vão, resultando apenas em mais inflação. O único dever dos governos é equilibrar os seus próprios orçamentos, desregulamentar a economia (particularmente o mercado de trabalho) e reduzir o peso dos impostos que recaem sobre os negócios de modo a facilitar e estimular a acumulação privada de capital.

A concepção individualista

Esta concepção (bem como a outra) origina-se de uma visão "objetiva" de como a sociedade funciona e de um sistema de valores "subjetivos" de como uma boa sociedade deveria funcionar. A concepção sociológica individualista tem como seu principal fundamento a suposição de que a sociedade é composta de indivíduos. Estes são basicamente livres e distintos entre si, embora a maioria persiga um objetivo comum que pode ser resumido na maximização de sua utilidade ou bem-estar. Para atingir tal maximização, os indivíduos entram em relacionamento, habitualmente contratual: cada parte obtém benefícios em troca de um custo. Se todas as partes estimam seus benefícios como sendo máximos, comparados com seus custos, os relacionamentos tendem a ser mantidos em "equilíbrio". Se alguns indivíduos acreditam que podem aumentar seus benefícios relativamente aos custos, eles tentam alterar os termos da troca. O equilíbrio cessa, a competição e a barganha produzem alterações nos relacionamentos. Este processo continua até que cada indivíduo se convença de que nenhuma ulterior mudança pode aumentar seus benefícios e/ou diminuir seus custos. Então um novo equilíbrio é estabelecido.

Este é o modelo de mercado, originalmente concebido como uma explicação para as relações econômicas numa economia de mercado. Mas foi também aplicado com sucesso a relacionamentos não de mercado, como por exemplo ao mercado "matrimonial", ao comportamento reprodutivo e ao processo eleitoral. A ideia básica é que todas as relações sociais são, no final das contas, relações entre indivíduos, que pertencem a diferentes grupos porque escolheram um cálculo particular de custo/benefício. Nesta sociedade, instituições são criadas e mantidas em benefício dos indivíduos e deveriam ser apoiadas apenas na medida em que não afetem a justeza da competição entre os indivíduos. Uma vez estabelecida uma sociedade livre, todas as instituições que constrangem os indivíduos a aceitar trocas desfavoráveis tendem a ser abolidas, como a família extensa tradicional, o *closed shop* (todos os empregados de uma empresa serem obrigatoriamente membros do sindicato) ou a monarquia autocrática hereditária.

Esta concepção de "liberdade" é a fronteira entre a visão pretensamente "objetiva" de como é a sociedade e a visão "subjetiva" de como a sociedade deve ser. O individualismo considera a liberdade como o mais apreciado de todos os valores. Ao mesmo tempo pressupõe que, se os indivíduos não são constrangidos por instituições opressivas, eles tendem a comportar-se como "maximizadores de utilidade" (que extraem o máximo dos recursos). Este paradigma é importante porque permite aos teóricos desta concepção demonstrar que a interação desimpedida dos indivíduos produz *sempre resultados sociais ótimos*. É verdade que tais demonstrações requerem pressupostos ulteriores que dificilmente podem ser tidos como realistas, como o de que todos os participantes estão perfeitamente informados de todas as alternativas possíveis à opção pela qual decidiram. Porém isto não é obstáculo para que os individualistas neguem legitimidade a qualquer medida que possa alterar os resultados do mecanismo de mercado ou de qualquer outro processo considerado como interação de indivíduos não coagidos.

Os liberais clássicos veem a liberdade e a igualdade, ambas, como importantes. Porém, eles lutaram contra sistemas tradicionais de privilégios, que sufocavam a liberdade individual e instituíam a desigualdade entre membros de diferentes grupos sociais. Atualmente, os neoliberais lutam contra o assim chamado estado de bem-estar social, que se envolve ativamente em políticas redistributivas mediante tributação progressiva e despesas sociais. Os neoliberais almejam restaurar as liberdades individuais, que veem como postas em perigo pelo estado de bem-estar social, e enfatizam a necessidade de alguma igualdade nas condições iniciais das carreiras de vida dos indivíduos, mas negam qualquer legitimidade na demanda por igualdade nos resultados do processo competitivo. Robert Nozick (1974) elaborou uma sofisticada argumentação na defesa desta posição.

Nozick defende que "a distribuição é justa quando provém de outra distribuição justa por meios legítimos" (p. 151). A justeza de qualquer distribuição está baseada em sua origem: se todos os indivíduos obtêm suas posses por meios legítimos, isto deve ser aceito como justo. A distribuição de posses ou rendas, ou seja o que for, é o resultado final de um processo legítimo se todos os participantes forem livres para agir segundo os seus interesses. Violar a liberdade de alguns indivíduos engendra injustiça na distribuição de posses.

"Alguns indivíduos furtam de outros, ou os defraudam, ou os escravizam, apoderam-se de seus produtos e impedem-nos de viver de acordo com sua livre escolha, ou excluem violentamente outros de competirem nas trocas." (p. 152). Tal injustiça passada clama por retificação na distribuição de bens. Porém nenhuma outra redistribuição é moralmente aceitável. Qualquer distribuição limpa de injustiça passada deve ser vista como justa, por mais desigual que seja.

Nozick tenta mostrar que toda tentativa de tirar dos ricos para dar aos pobres por meio de tributação ou coisa parecida é uma violação da liberdade individual. Eis uma amostra de seus argumentos: "A tributação dos rendimentos do trabalho é comparável ao trabalho forçado. Algumas pessoas acham esta pretensão obviamente correta: tomar os rendimentos de n horas de trabalho é como tomar n horas da pessoa; é como forçar a pessoa a trabalhar n horas para a finalidade de outrém. (...) Ademais, alguns visam a um sistema com algo como um tributo proporcional sobre tudo que esteja acima do montante necessário para as necessidades básicas. (...) O fato que outros intencionalmente intervenham, em violação a um constrangimento lateral contra a agressão, ameaçando com a força para limitar as alternativas, neste caso de pagar impostos ou (presumivelmente a pior alternativa) resignar-se à simples subsistência, fazem do sistema de taxação um sistema de trabalho forçado..." (p. 169).

A abordagem de Nozick pode ser considerada bastante extremada, mas é certamente o fundamento lógico da concepção individualista. No Brasil, os neoliberais não se opõem a qualquer esquema de tributação redistributiva, mas tentam limitá-lo o quanto possível por motivos mais práticos: uma parte excessiva da receita tributária é desperdiçada na folha de pagamento dos servidores públicos, muito pouco desta receita chega aos necessitados; a tributação da renda ou da propriedade desencoraja a acumulação de capital e portanto a criação de empregos que poderia ajudar o pobre muito mais do que a assistência pública etc. A única despesa social que eles apoiam é a da educação pública, vista como o principal instrumento para o desenvolvimento da qualificação e motivação e, portanto, o melhor meio de reduzir a exclusão social.

A concepção estruturalista

As teorias sociológicas e os sistemas normativos subjacentes à concepção estruturalista são mais diversificados que aqueles que fundamentam a concepção individualista. Vejamos os dois mais importantes paradigmas que sustentam o estruturalismo contemporâneo: *marxismo* e *keynesianismo*. Embora distintos na origem, estes paradigmas tornaram-se mais próximos um do outro sob a pressão da hegemonia individualista.

O paradigma marxista

O *marxismo* vê as sociedades capitalistas contemporâneas como compostas de classes: *a classe capitalista*, formada pelos proprietários ou administradores dos meios de produção, organizados funcionalmente como empresas; *a classe operária* formada por aqueles desprovidos de qualquer propriedade dos meios de vida e assim obrigados a vender sua força de trabalho; e *os produtores simples de mercadorias*, formados por aqueles que possuem alguns meios de produção mas os utilizam eles próprios ganhando sua vida pela venda de bens e serviços que são produzidos por eles sozinhos ou, no máximo, com outros membros da família ou um pequeno número de trabalhadores contratados.

Essa divisão fundamental de classes é de longe incompleta demais para explicar a complexidade das atuais sociedades capitalistas altamente desenvolvidas. *Primeiramente*, a maioria dos dirigentes das empresas capitalistas são empregados, com pouco ou nenhum direito de propriedade. É importante distinguir entre capitalistas financeiros, que possuem capital e supervisionam os executivos, e estes últimos que realmente dirigem a atividade produtiva, admitem e demitem trabalhadores, estabelecem os níveis salariais e desse modo distribuem pelo menos parte da receita gerada pelas firmas. *Capitalistas proprietários* e *capitalistas gerenciais* formam atualmente grupos diferentes de uma mesma classe. *Em segundo lugar*, algum limite de classe separa os executivos dos trabalhadores ordinários, mas não é fácil determiná-lo na teoria. Existem diversos níveis de supervisores ou dirigentes administrativos subordinados que não podem ser facilmente classificados como capitalistas gerenciais ou trabalhadores assalariados. Em situações de conflito de classe, eles podem caracteristicamente aderir a um lado ou a outro. *Em terceiro lugar*, existem participantes da vida econômica que não parecem pertencer a qualquer das três classes fundamentais. São, por exemplo, as donas de casa, que ajudam a produzir e reproduzir a mais importante de todas mercadorias: a força de trabalho. Servidores públicos e trabalhadores de organizações sem fins lucrativos também não dispõem de um lugar apropriado no esquema de classes marxista.

As mudanças, complexidades e ambiguidades ocasionadas pelo desenvolvimento do capitalismo na estrutura de suas classes sociais não negam a importância do *status* de classe para o comportamento dos indivíduos. Marxistas mostram que, em sociedades de classe, os indivíduos, embora livres e iguais perante a lei, não podem escapar da influência condicionante da sua posição de classe. Contrariamente aos individualistas, que supõem que a maioria das pessoas pode escolher sua classe, os marxistas costumavam realçar que a grande maioria era nascida de famílias pobres e não tinha alternativa senão permanecer na classe trabalhadora, como seus antepassados. Isto já não acontece mais nos países desenvolvidos, onde crianças de famílias da classe operária são capazes de alcançar altos níveis de escolaridade, o que, em princípio, abre ao indivíduo uma oportunidade de ingressar na classe dos capitalistas dirigentes.

A maior mudança, desde os dias de Marx, é, com certeza, a prosperidade da maior parte da classe trabalhadora. A maioria dos trabalhadores, nos países capitalistas desenvolvidos, ganha mais do que o mero custo da reprodução de seu trabalho. Eles podem dar aos seus filhos oportunidades de educação semelhantes às dos membros da classe capitalista. Porém, isto não quer dizer que, se a maioria dos indivíduos decidisse tornar-se capitalista, ela de fato pudesse fazê-lo. Dada a hierarquia das grandes empresas, o número de dirigentes capitalistas está em todo momento limitado e é, está claro, muito menor que o número de postos para trabalhadores. Portanto, se atualmente a maioria dos indivíduos pode competir pelo ingresso na classe capitalista, somente uma minoria pode alcançá-lo. O número de pessoas que tem o curso secundário e além cresceu muitíssimo, mas do mesmo modo cresceu o número daqueles que estão excluídos dos postos correspondentes na estrutura de classe. Muitos deles se tornam desempregados ou aceitam trabalho para o qual sua escolaridade é claramente excessiva.

Os pressupostos individualistas chegam mais perto da verdade no final do século XX do que antes, quando apenas os capitalistas eram suficientemente ricos para legar aos seus descendentes suas posições de classe. Todavia os individualistas continuam ignorando o número extremamente pequeno de posições na classe capitalista de fato existente. Muitos são chamados, mas pouco os escolhidos. Isto engendra uma nova modalidade de exclusão social que se torna mais e mais importante.

Os marxistas consideram a sociedade de classes como intrinsecamente injusta, gerando inevitavelmente um grande volume de exclusão social. Nas sociedades capitalistas a exclusão social tem sido identificada com desemprego, mas ultimamente novas formas de exclusão social estão surgindo. A assim chamada Terceira Revolução Industrial provocou drásticas transformações na maioria das empresas, uma das quais é a redução da hierarquia gerencial. Como consequência, a maioria dos supervisores de nível intermediário perderam seus empregos. Estão sendo compelidos a escolher entre voltar para a escola e iniciar uma nova carreira ou aceitar uma aposentadoria precoce. Uma outra mudança é a substituição de trabalhadores assalariados por fornecedores de serviços contratados (terciarização). Frequentemente os trabalhadores são os mesmos, porém o seu *status* de classe se altera: pertenciam anteriormente à classe operária e agora tornam-se produtores simples de mercadorias. Como empregados eles trabalhavam um número certo de horas, determinado por lei e/ou contrato. Enquanto trabalhadores autônomos, eles têm sempre motivo para incrementar o número de horas trabalhadas, porque quanto mais trabalham mais ganham. Porém, habitualmente a quantidade total de trabalho a ser cumprido é limitada. Assim, quando os esforçados trabalhadores autônomos substituem empregados, poucos executam o trabalho e uma certa porção é excluída não mais por ter sido demitida mas por ser *incapaz de competir*.

Os marxistas distinguem entre exploração e exclusão. Marx escreveu certa vez que pior do que ser explorado pelo capital é não ser explorado por ele, quer dizer, estar excluído do mercado de trabalho. A teoria da exploração mostra que no capitalismo o excedente social toma a forma de mais-valia ou renda de propriedade, que é apropriada pela classe capitalista. Atualmente isto não é totalmente verdadeiro. Os fundos de pensão, que pertencem aos trabalhadores, estão entre os maiores investidores. Por conseguinte, uma parte do excedente toma a forma de salário e é apropriada pelos empregados e economizada na forma de fundos de pensão. Contudo, empresas médias e grandes são todas controladas por capitalistas e as camadas mais pobres da classe operária certamente são exploradas.

O importante é que a exclusão de uma parte intensifica a exploração da outra. Na maioria dos países, e certamente no Brasil, existe uma sobreoferta de trabalho desqualificado ou escassamente qualificado. A pressão do grande número de excluídos conserva o padrão salarial desses trabalhadores num nível baixo, limitado apenas pela legislação do salário-mínimo. Como foi visto acima, a crescente *informalização* das relações de trabalho está agora golpeando também trabalhadores qualificados e antigos empregados com grau universitário. As longas jornadas de trabalho praticadas por trabalhadores informais resulta em mais demissões e crescimento do número de desempregados, avolumando as fileiras dos trabalhadores informais. Não há dúvida de que a exclusão alimenta a exploração e a exploração (particularmente do trabalhador informal) alimenta a exclusão.

O marxismo propõe o socialismo como modelo de sociedade na qual, em princípio, ninguém é excluído. A proposta original supunha que a plena integração social seria assegurada pela propriedade social de todos os meios de produção e pelo planejamento centralizado da atividade econômica. O colapso do "socialismo realmente existente" convenceu a maioria dos marxistas que o progresso econômico e os direitos individuais não podem ser garantidos sem liberdade econômica e algum grau de competição de mercado. Isto significa dizer que o projeto socialista tem de ser redesenhado, tendo como desafio encontrar um caminho que concilie as potencialidades de liberação de um mercado competitivo com os controles institucionais que reduzam sistematicamente a desigualdade e as exclusões sociais.

O enigma está sendo, em certa medida, resolvido pelas implicações sociais e econômicas da Terceira Revolução Industrial. Os trabalhadores estão ganhando maiores responsabilidades e autonomia, a divisão alienante do trabalho, padronizada por Taylor e Ford, está sendo radicalmente revista. A equipe de trabalho substitui o trabalhador individual e uma colaboração mais estreita entre as equipes, gerentes e técnicos está mudando as relações sociais no local de trabalho. Como resultado, empresas gigantescas podem ser substituídas por extensas redes de empregados, fornecedores associados, subcontratantes etc. Até aqui, a exigência de elevado capital inicial representava uma barreira insuperável para o ingresso em muitos mercados, particularmente em mercados que geram e utilizam tecnologia avançada. A única maneira de neles entrar tem sido empregar-se num dos poucos oligopólios que dividem este mercado. A mudança na organização empresarial e as novas tecnologias tendem a abri-la aos pequenos operadores, cuja dimensão é prontamente superada por meio de "redes" com outros operadores.

O encurtamento das distâncias e do tempo consumido nas comunicações implica a supressão das barreiras de capital para o ingresso em muitos mercados. Anteriormente, a coordenação do trabalho de dezenas de milhares era levada a cabo por meio de concentração de capital, e do que Marx chamou de "centralização de capital", a fusão de muitos pequenos capitais em um punhado de enormes capitais monopolísticos. Doravante, a informática e a telemática tornam possível esta coordenação sem uma concentração espacial dos trabalhadores e sem a concentração do grande capital. Isto abre a perspectiva de um novo mundo de produção, no qual o trabalho será partilhado entre produtores livres e autônomos, sem dependência daqueles que monopolizam a propriedade do capital. Mas os marxistas não acreditam que essa perspectiva será realizada simplesmente pela gradual disseminação de novas tecnologias. Os capitalistas, que exercem sua dominação através do monopólio dos ativos de capital, irão, de preferência, limitar ou retardar a chegada da Terceira Revolução Industrial do que abrir mão de seus privilégios.

Por outro lado, recentes evoluções, particularmente a *globalização*, expandiram a exclusão social no mundo desenvolvido.

A abertura dos mercados nacionais à competição externa e ao capital estrangeiro impôs a reestruturação de todas as economias através de maciça transferência da indústria para os países onde a mão de obra é barata e desprovida de direitos sociais e políticos. Nas nações desenvolvidas, tradicionais redutos do movimento operário foram destruídos pela exportação de postos de trabalho em larga escala e pela substituição dos trabalhadores assalariados organizados por autônomos. Os trabalhadores organizados foram vítimas de um novo tipo de exclusão social. Nos mercados oligopolistas, os trabalhadores altamente organizados podiam exigir – e conseguir – uma parte dos lucros extras recebidos pelas empresas. Os altos salários, os benefícios adicionais assim conquistados fazem desses trabalhadores o alvo principal da desindustrialização e do deslocamento da produção para o exterior.

Os marxistas conjecturam uma economia de mercado na qual a competição seria limitada por acordos extramercado de modo a garantir que todos tenham uma chance justa de integrar a economia através de emprego, de contrato, de associação ou como operadores autônomos. A integração social e econômica exige (assim argumentaria um marxista) uma justa partilha do trabalho existente. Tal partilha do trabalho teria de ser reavaliada sempre que surgissem novos produtos de consumo e/ou processos produtivos. Negociações entre produtores e consumidores criariam condições para garantir que a competição estimulasse o progresso tecnológico e a plena utilização dos recursos naturais e humanos. Porém, se os indivíduos devem ter a liberdade de escolher entre a ocupação e a inatividade e, como consumidores, devem ter o direito de escolher de quem comprar entre os vários fornecedores, é logicamente impossível garantir a cada um emprego ou uma parte do mercado. Alguma desocupação involuntária parece portanto inevitável.

Existem duas razões para o dilema entre liberdade de escolha e integração social. Primeiramente, liberdade de escolha abarca o direito de autoexclusão. Ninguém deveria ser obrigado à integração social compulsória. Onde a escassez está presente, é compreensível que as regras sociais prevalecentes imponham a todos a obrigação de participar do processo de produção social: "quem não trabalha não come". Todavia, nas atuais sociedades desenvolvidas, a escassez foi em larga medida superada. O trabalho ao invés de um dever transformou-se em direito, e como ele não pode ser garantido a todos, tornou-se um *privilégio*. Assim, o direito dos indivíduos à alimentação vem sendo reconhecido mesmo quando optam por não trabalhar. A Garantia de Renda Mínima ou Renda Básica, que vem sendo adotada em muitos países ocidentais, é uma forma concreta de reconhecimento deste direito. Em segundo lugar, a liberdade econômica implica o risco de falência e, como consequência, em alguma medida, exclusão social involuntária. Parece essencial que indivíduos devem ter o direito e a oportunidade de iniciar seus negócios, mas é destino inevitável que uma proporção deles irá falir. Um certo montante de capital social é gasto nestas tentativas, se bem que se possa argumentar que este é o preço do progresso. Seja como for, os indivíduos precisam ser estimulados a "não quebrar", e empresários que vão à bancarrota devem pagar ao menos uma parte da perda de capital pela qual são responsáveis. Tais empresários deveriam, é claro, ter outras oportunidades de se integrar novamente ao processo de produção social. Enquanto buscam estas oportunidades, permanecem excluídos. O mesmo ocorre com os trabalhadores que estavam empregados ou associados com as empresas que foram fechadas.

O projeto socialista precisa encontrar caminhos para *minimizar* a exclusão social sem almejar a ausência total de exclusão. A sociedade que garante a todos os seus membros integração social plena e permanente só pode fazê-lo designando a cada membro seu lugar na divisão social do trabalho. Ainda que mudanças de posição possam ser toleradas e até facilitadas, a maioria das pessoas terminaria em posições que não teriam escolhido se tivessem competido livremente por elas[4]. Parece que nas sociedades atuais, direitos individuais consensuais impossibilitam um

---

[4] Nas modernas economias de mercado, a maioria também termina em posições abaixo do nível que gostariam de atingir. Mas este é o resultado de um processo competitivo que a maioria encara como *justo*. Os pobres e outros socialmente excluídos são levados a acreditar que seu destino é, em alguma medida, resultado de escolhas que eles mesmos fizeram em algum ponto de suas vidas. Mesmo que os resultados fiquem distantes do desejado, dificilmente aceitariam que esta escolha fosse feita para eles por algum Comitê de Planejamento.

arranjo social que elimine a exclusão social. Assim, a segunda melhor alternativa, a de minimizar a exclusão social, torna-se a meta da elaboração utópica.

O paradigma marxista está provavelmente apenas iniciando a sua revisão. Porém, enquanto isso, ele continua exercendo seu papel no debate social. O marxismo está se desfazendo de alguns de seus antigos fundamentos: a simples teoria da luta de classes; capital versus trabalho; a ideia de que o destino dos indivíduos é sobretudo determinado pela sua origem de classe e que todas as funções do mercado podem ser mais bem cumpridas pelo planejamento centralizado; a visão do socialismo (ou comunismo) como a sociedade na qual a exclusão social está completamente ausente. Mas o marxismo continua a sustentar ideias como: o potencial de liberação da Terceira Revolução Industrial somente pode se tornar real através da luta política daqueles que têm a ganhar com ela; as conquistas sociais, resumidas sob o conceito de estado de bem-estar social, não podem ser abandonadas pelos benefícios do livre comércio. O que significa dizer que a luta contra o *dumping social* deveria ser travado nas negociações que visam ampliar a liberdade de comércio. Acredito que os marxistas estejam preparados para conceder que numa sociedade socialista ou comunista livre alguma exclusão social deve sobrar. Todavia eles se opõem às teses individualistas de que a exclusão é sempre o resultado de um malogro individual e possivelmente de má sorte. Enfim, lutam por políticas redistributivas, ainda que estejam cientes que a globalização restringe o escopo destas políticas em cada país isoladamente e que a redistribuição, para ter significado, terá de ser assegurada através de acordos entre todas as nações que comerciam entre si.

O paradigma keynesiano

Keynes não foi um estruturalista coerente como Marx, mas ele rompeu com a tradição neoclássica sobre a questão do *equilíbrio do pleno emprego* numa economia de mercado pura. Os neoclássicos estão convencidos que este equilíbrio é atingido natural e inevitavelmente e que qualquer desemprego remanescente deve ser considerado como "voluntário". Isto significa que alguns indivíduos podem não encontrar trabalho apenas porque eles não aceitam o trabalho disponível, uma vez que o salário correspondente é demasiado pequeno para compensar o esforço. Em termos técnicos: *há desutilidade*. Em outras palavras, os neoclássicos pressupõem que sempre existe uma demanda infinita por trabalho, pagando-se por ele salários invariavelmente decrescentes. O pressuposto básico é que a produtividade marginal do trabalho decresce com o montante do trabalho executado. Em mercados competitivos, os salários pagos pelo trabalho marginal tende a igualar sua produtividade – portanto têm de ser decrescentes também.

Por exemplo, se os salários estão impedidos de ser rebaixados por força da legislação do salário-mínimo, o desemprego "involuntário" seria possível, mas somente em virtude da limitação da livre escolha de compradores e vendedores da força de trabalho. Keynes contrariou a ortodoxia ao sustentar que o nível de emprego é determinado não pela oferta e demanda no mercado do trabalho e sim pela demanda agregada, que é a soma da despesa total das famílias e do governo como consumidores e das empresas como investidores. O nível de emprego é determinado pela relação entre a oferta agregada e a demanda agregada. A oferta agregada é igual ao total da renda paga pelas empresas aos indivíduos. A maior parte desta renda é despendida para o consumo mas o saldo é poupado. A poupança financia o investimento. No mercado de capital, a demanda é constituída por investidores e a oferta pelos poupadores. Investimento e poupança precisam ser iguais *em equilíbrio*, porém esta igualdade pode ser alcançada em diferentes níveis da produção agregada e, portanto, do emprego agregado. Se o nível do emprego de equilíbrio é baixo, isto quer dizer que apenas parte dos recursos disponíveis da economia está sendo utilizada. Como consequência, muita gente que gostaria de trabalhar pelos salários correntes não consegue encontrar emprego.

Os keynesianos mostram assim que a economia de mercado pura tende naturalmente a equilibrar-se em níveis abaixo do pleno emprego e, como consequência, muitos são socialmente excluídos pela inatividade forçada. Para evitar tal exclusão social, o governo pode incrementar a efetiva demanda através de gastos públicos discricionários ou pela administração da oferta de dinheiro com o fim de trazer a taxa de juros a um patamar que possa encorajar o investimento privado. Os governos deveriam, portanto, assumir a responsabilidade pela manutenção do equilíbrio de pleno emprego por meio de políticas monetárias e fiscais adequadas. Uma importante implicação do keynesianismo é que a legislação do salário-mínimo e outras vantagens conquistadas pelos trabalhadores organizados através de negociações coletivas não são incompatíveis com o pleno emprego. Esta foi uma importante justificativa para a construção do estado de bem-estar social, desde os anos 30.

Um debate tempestuoso sobre estas questões está sendo travado entre os economistas. Os neoliberais (individualistas) proclamam que a política econômica keynesiana tende inevitavelmente a exceder seu objetivo, tentando fazer a economia atingir um nível de emprego acima do equilíbrio. Como resultado, os salários crescem e isto expande a oferta de trabalho, tornando possível um emprego maior. Mas apenas por pouco tempo, porque cedo ou tarde os preços alcançam os salários e então os salários *reais* (ajustados pela inflação) caem novamente para o patamar de equilíbrio anterior e o mesmo ocorre com o emprego, a menos que o governo dê início a uma nova rodada de gastos públicos e/ou mais expansão monetária. Assim, o nível de emprego pode ser mantido acima do equilíbrio somente ao custo de uma constante e crescente inflação.

Os keynesianos eram bastante vulneráveis a esses argumentos porque a maioria deles achava que os salários eram responsáveis pela onda inflacionária na maioria das economias avançadas nos anos 70 e começo dos 80. Eles pensavam que cada economia podia alcançar distintos *trade-offs* (relações compensatórias) entre inflação e desemprego e os governos deveriam descobrir que *trade-off* é desejado pela maioria. Contra a demanda neoliberal, segundo a qual os governos deveriam abster-se de praticar políticas fiscais e monetárias – exceto para equilibrar orçamentos e manter a oferta de dinheiro evoluindo a uma taxa constante, anunciada publicamente –, os keynesianos insistem que um governo necessita "administrar" a economia tendo como metas gerais o crescimento econômico e a estabilidade de preços. Os keynesianos admitem que essas metas se limitam mutuamente, mas eles não concordam que a competição desenfreada de mercado traga necessariamente o melhor *trade-off* entre elas. Esta é a marca estruturalista distintiva do keynesianismo. As transações entre indivíduos no mercado revelam suas preferências como consumidores e produtores, mas o resultado social dessas transações *não é provavelmente aquele que os indivíduos como cidadãos gostariam que fosse*. Assim, ao lado do mercado, há a arena política, onde anseios coletivos disputam a preferência dos votantes. O resultado final atingido no mercado não é sacrossanto; ele pode e deve ser modificado pela intervenção do Estado se a maioria do eleitorado decidir assim.

Isto faz toda a diferença no que concerne à exclusão social. Os keynesianos reconhecem um círculo vicioso provocado pela concentração de renda que restringe os gastos de consumo agregado e, portanto, o investimento privado. Ela produz também desemprego elevado como resultado de insuficiente procura efetiva, que comprime os salários e desse modo reforça a concentração de renda. Na América Latina, a tradição keynesiana advoga um papel ativo do governo na promoção do desenvolvimento econômico através de investimentos públicos e indiretamente estimulando o capital privado a investir em setores julgados estratégicos, a fim de assegurar o desenvolvimento global da economia. Se bem que a distribuição de renda não seja uma proposta keynesiana como tal, os keynesianos tendem a apoiá-la, particularmente na forma de salário-mínimo e em outros pontos da legislação trabalhista, ou através dos gastos sociais e investimentos públicos em regiões atrasadas.

Deve-se mencionar que o keynesianismo também está mudando sob o impacto tanto do fracasso de suas prescrições políticas no tratamento da estagflação como do ascenso do individualismo através do ressurgimento da economia neoclássica, apoiado no sucesso político do neoliberalismo. Como os marxistas, os keynesianos estão repensando os seus fundamentos. Os keynesianos latino-americanos conhecidos como *desenvolvimentistas* costumavam sustentar teorias segundo as quais o mercado internacional, estando dominado pelas nações avançadas, está viezado contra os exportadores de produtos primários. A recente abertura dos mercados domésticos das economias avançadas para as exportações de manufaturados do Terceiro Mundo deve ter provocado muita revisão a esse respeito. Contudo os *desenvolvimentistas* ainda veem as relações entre Norte e Sul como antagônicas, e defendem que o Sul deveria contar consigo mesmo e acautelar-se contra a apressada integração econômica em blocos regionais dominados por nações avançadas. Eles continuam a opor-se, como solução para a exclusão social, à promoção de rápido crescimento econômico, mediante abertura da economia para o capital e as mercadorias do exterior, e à desregulamentação dos mercados, particularmente do mercado de trabalho, o que significa a abolição dos salários indiretos.

As concepções e a exclusão social

Nos primórdios do capitalismo industrial, a exclusão social era em larga medida o resultado das mudanças estruturais, particularmente a substituição da produção doméstica de famílias camponesas pela produção de mercadorias. A *proletarização* de milhões de camponeses acarretou um processo de exclusão social em larga escala, sinalizado pela maciça imigração transoceânica proveniente da Europa. Estes acontecimentos inspiraram o primeiro paradigma estruturalista, do qual Marx e Engels foram os principais autores. Tais mudanças estruturais difundiram-se por uma ampla periferia do centro capitalista mundial, provocando ali efeitos sociais similares.

No centro, no entanto, o domínio da produção de mercadorias e das empresas capitalistas, empregando trabalhadores assalariados, foi concluído e um processo de inclusão social, patrocinado publicamente, reduziu de forma significativa a proporção dos párias sociais. Isto foi alcançado principalmente durante a assim chamada Idade de Ouro do capitalismo (1945-1973), quando o pleno emprego prevaleceu nas democracias capitalistas desenvolvidas. Este quadro fez os pressupostos da concepção individualista tornarem-se verídicos ou ao menos mais verdadeiros para a maioria dos indivíduos desses países. Como vimos, os filhos e filhas das famílias da classe operária passaram a ter opções educacionais que poderiam levá-los a posições de classes mais elevadas. O número de tais postos era ainda muitíssimo inferior ao número de pretendentes, porém ao menos a grande maioria teve possibilidade de concorrer a eles. Passou a fazer sentido, nestas condições, considerar que os perdedores deveram seu malogro largamente à sua própria insuficiência individual.

Seria necessário salientar, entretanto, que comportamentos ou ações individuais poderiam ser consideradas responsáveis pela *escolha*, entre indivíduos competindo entre si, daqueles que se tornaram vencedores e daqueles que saíram perdedores. O montante total de vencedores e perdedores era ainda determinado por fatores estruturais, como mudança tecnológica, localização geográfica dos investimentos, o *mix* de produtos e as relações de trabalho. Contudo esta distinção é usualmente escamoteada, reduzindo-se frequentemente esses fatores estruturais a decisões individuais: as mudanças tecnológicas e os investimentos são decididos pelos empresários, encarados como maximizadores de utilidade do mesmo modo que qualquer outro consumidor, e assim por diante. Entretanto, como é bem conhecido, as decisões cruciais sobre tecnologia, investimentos e *mix* de produtos são tomadas pelos administradores das empresas multinacionais, com base nas expectativas e tendências macroeconômicas antes que em suas próprias preferências individuais.

A globalização, mais do que os choques do petróleo, pôs fim à Idade de Ouro. A inflação substituiu o desemprego como a grande preocupação, e a crescente transferência das indústrias do centro para a periferia em industrialização criou a necessidade de se cortar custos e aumentar a atratividade de cidades, regiões e países para os investidores. Ajustes estruturais tornaram-se norma para a política econômica e o individualismo tornou-se hegemônico. Governos conservadores, em toda a parte, começaram a cortar impostos, particularmente sobre as rendas mais altas, a privatizar empresas estatais, a reduzir os benefícios da seguridade social e a abrir mais e mais o mercado doméstico para a competição externa. O individualismo nos levaria a supor que poupança e investimento floresceriam e que a maioria dos indivíduos, libertos da opressiva proteção das instituições públicas do bem-estar social, disputariam as vagas oriundas de uma demanda por trabalho em expansão. Como é bem sabido, estas expectativas frustraram-se. A desigualdade e a pobreza tornaram a crescer como resultado de velhos e novos processos de exclusão social.

Para compreender a exclusão social, ambas as concepções são importantes. Estruturas sociais e econômicas assim como as instituições importam e o comportamento individual também. Em cada momento e lugar, os fatores que influenciam a inclusão e exclusão social são bastante específicos. É provável que nos países em que o desenvolvimento capitalista ainda prossegue, provocando os deslocamentos sociais acima referidos, a inclusão e a exclusão social seriam principalmente o resultado de fatores estruturais. Nos países onde este processo completou-se por algum tempo, seria, no entanto, de se esperar que o papel dos fatores individuais nos processos de exclusão social fossem mais importantes. Mas, mesmo nesses países, a globalização e o desmantelamento consequente da antiga estrutura de relações de trabalho são as causas decisivas dos novos tipos de exclusão social que vêm sendo ali presenciados.

No Brasil, a globalização foi o principal propulsor da inclusão social durante os anos 70, quando o assim chamado "Milagre Econômico" teve lugar. Nesta época, o Brasil tornou-se exportador de manufaturados para muitas empresas multinacionais em busca de economia no custo da mão de obra. Nos centros urbanos das regiões mais industrializadas do país, as pressuposições do individualismo tornaram-se mais verídicas para a maioria, à medida que aqueles que tinham capital humano procurado pelo "mercado" tiveram oportunidade de conquistar bons empregos e gozar de um padrão de vida muito melhor.

Porém isto não durou. Os choques do petróleo criaram um desequilíbrio nas contas externas do Brasil e os déficits progressivos foram cobertos por um crescente fluxo de empréstimos externos (petrodólares) feitos por bancos privados. A aguda reversão chegou um ano antes da crise da dívida externa, aberta pela *débâcle* do México de 1982. Os fatores estruturais derivados de crises econômicas e sociais fizeram da exclusão social o traço dominante da "década perdida", que no Brasil durou de 1981 até 1992. Diferentemente das crises passadas, desta vez a exclusão social afetou não somente os camponeses, trabalhadores sem-terra e trabalhadores não qualificados mas também um amplo número de pessoas da classe média. Particularmente durante os anos 90, as empresas, sob pressão da competição internacional, demitiram executivos, gerentes de médio e baixo nível e trabalhadores qualificados. Como veremos, a renda real das camadas relativamente privilegiadas sofreu fortes reduções, enquanto as perdas dos segmentos de renda mais baixa foram ainda maiores.

4. Desigualdade e exclusão social no Brasil

Introdução metodológica

O Brasil é a terra da desigualdade. Aqui o grau de disparidade entre ricos e pobres, brancos e não brancos, homem e mulher, moradores do campo e da cidade, indivíduos de alta e de baixa escolaridade é provavelmente maior que em qualquer outro lugar. No entanto, a desigualdade de renda, *status* social ou reconhecimento legal é apenas o outro lado da moeda da exclusão social. Os excluídos em termos de aquisição de renda, prestígio social ou direitos legais são exatamente aqueles que obtêm menos desses recursos porque outros obtêm demais. No que se refere à renda, isto fica bastante claro para todos, pois presume-se que a cada momento a quantidade total de renda distribuída pela PEA (População Economicamente Ativa) seja limitada, mas o mesmo vale, é claro, para posições sociais e oportunidades de trabalho[1].

Em seguida, a desigualdade social brasileira será mostrada sob diferentes aspectos. O primeiro é o da pobreza como fonte de exclusão. Desigualdade de renda já é bastante grande em escala nacional, mas, para propósitos analíticos, deve ser dividida em categorias estruturais. Uma possibilidade é fazê-lo por *região* e por *estado*. O Brasil é dividido em 5 regiões: N – Norte; NE – Nordeste; SE – Sudeste; S – Sul; e CO – Centro-Oeste. O SE é de longe a região mais industrializada, seguida pelo S; o NE é a região mais pobre e

---

[1] Os individualistas discordam. Para estes, o *quantum* total de qualquer coisa distribui-se ao mesmo tempo em que se produz, através de trocas individuais. Portanto, os pobres são pobres porque produzem muito pouco. Caso produzissem mais, o produto cresceria e a desigualdade diminuiria. Tal ponto de vista ignora o fato de que a maioria não possui quaisquer meios de produção e, portanto, podem produzir apenas o tanto que os proprietários (empresas) desejam que produzam.

mais atrasada, seguida de perto pelo N; o CO inclui a capital Brasília e ocupa posição intermediária em relação às outras regiões. O Brasil se divide politicamente em *estados* autônomos, que atualmente somam 27. São Paulo (SP), Rio de Janeiro (RJ) e Rio Grande do Sul (RS) são os estados mais avançados economicamente; Piauí (PI), Maranhão (MA) e Ceará (CE) estão na outra ponta.

Outra categoria importante é a *área metropolitana*. O Brasil tem hoje dez áreas metropolitanas, cada qual em volta de uma capital. Em ordem decrescente de tamanho, são elas: São Paulo, Rio de Janeiro, Belo Horizonte, Porto Alegre, Recife, Salvador, Curitiba, Fortaleza, Brasília e Belém. As diferenças existentes entre os estados também estão presentes nas áreas metropolitanas, embora de maneira atenuada. Outras categorias são *gênero* e *cor*.

Sobre esta última, deve-se observar que os brasileiros apresentam uma mistura racial muito variada. Porém, a discriminação racial é dirigida principalmente contra os negros, provavelmente como herança da escravidão. O IBGE (Instituto Brasileiro de Geografia e Estatística) classifica a população em três categorias segundo a cor: *brancos, pardos* e *negros*. Os pardos são todos os não brancos, com exceção dos negros. A maioria dos pardos descende de negros e brancos, o que implica que as fronteiras entre essas categorias são mais ou menos vagas. Pessoas com a mesma cor de pele podem ser socialmente classificadas como brancas, pardas ou negras de acordo com sua renda ou *status* social. Quanto maiores seus níveis econômicos e sociais, mais brancos se tornam.

Graças à miscigenação, o número de negros não só já é pequeno como vem diminuindo. A maioria é classificada como branca ou parda. Daí que, muitas vezes, negros e pardos costumam ser reunidos numa só categoria. Deve-se notar, entretanto, que a discriminação racial no Brasil não apresenta uma polarização tão nítida como nos Estados Unidos, onde não brancos tendem a ser considerados negros. Aqui, a discriminação é mais sutil e tem como objeto também as pessoas de pele escura, pobres e socialmente marginalizadas.

Por fim, as características individuais serão levadas em conta, particularmente a escolaridade. A falta de escolaridade é fortemente associada à exclusão social. A questão principal, no entanto, é: o que é causa e o que é efeito? Ou melhor: há algum relacionamento causal entre ambos?

A exclusão através da pobreza

A análise da pobreza no Brasil vem recentemente aumentando em qualidade, graças à adoção de linhas de pobreza e indigência mais sofisticadas. Até então, essas linhas eram definidas de acordo com o salário-mínimo nacional ou uma fração deste, sem que se levasse em consideração que o custo de vida é bastante diferente variando de acordo com o tamanho da cidade, grau de desenvolvimento ou localização geográfica. Hábitos de consumo de grupos de baixa renda também apresentam diferenças. Pesquisas de orçamento familiar produziram dados definindo cestas básicas para cada região e área metropolitana, ao passo que pesquisas de custo de vida definiram preços com relação aos quais o valor da cesta básica em cada região ou área metropolitana foi calculado. Definiram-se então dois níveis mínimos de renda *per capita*.

1. Linha de Indigência (In): a renda mínima mensal necessária para suprir as necessidades individuais exclusivamente alimentares.

2. Linha de Pobreza (Po): a renda mínima mensal para satisfazer todas as necessidades básicas de um indivíduo.

Os dados para avaliar a diversidade das linhas de indigência e de pobreza em diferentes localidades do país em 1989 são apresentadas na Tabela 1, cujos números mostram que tanto Po quanto In são mais altos no N + CO e mais baixos no NE, sendo naquelas regiões 40% a 50% maiores que nesta. Dever-se-ia esperar que na região menos desenvolvida (NE) os preços e, portanto, Po e In fossem menores. Surpreendentemente, entretanto, os maiores In e Po encontram-se no N + CO, muito menos desenvolvidos que o SE. Isso talvez se explique pelo peso de Brasília (DF), cujo Po é o mais alto entre todas as áreas metropolitanas, provavelmente em função da concentração de funcionários públicos de alto escalão, cujas rendas geram grande demanda por bens de consumo provenientes de áreas distantes. Belém também apresenta Po relativamente alta. Parece que o custo de vida nas cidades dessas regiões esparsamente habitadas é ainda maior que na região mais industrializada.

TABELA 1. BRASIL. REGIÕES URBANAS E ÁREAS METROPOLITANAS. LINHAS DE INDIGÊNCIA E DE POBREZA EM 1989 (Renda *per capita* mensal em US$).

Regiões	Áreas Metropolitanas	Linha de Indigência (In)	Linha de Pobreza (Po)
N e CO		22,94	54,37
	Belém		60,69
	Brasília		65,11
NE		16,36	35,41
	Fortaleza		36,38
	Recife		44,26
	Salvador		52,70
SE		20,41	48,37
	Belo Horizonte		46,16
	Rio de Janeiro		53,31
	São Paulo		63,64
S		19,32	38,92
	Curitiba		40,15
	Porto Alegre		52,01

Fonte: Lopes (1992).

Comparando as Po's das áreas metropolitanas, pode-se perceber que onde o crescimento econômico é mais intenso, essas linhas são mais altas. Provavelmente por essa razão, a Po é mais alta em São Paulo do que no Rio de Janeiro, e em Salvador mais do que em Recife. Mas as Po's relativamente baixas de Fortaleza e Curitiba derrubam qualquer explicação simplista.

De qualquer modo, as parcelas da população que podem ser classificadas como Indigentes (abaixo de In), Pobres Mas Não Indigentes (entre In e Po) e Não Pobres (acima de Po) foram calculadas através da agregação dos dados para as cinco regiões. Juarez Brandão Lopes (1992), que já vem se dedicando há vários anos ao estudo da pobreza no Brasil, estimou as seguintes proporções para as áreas urbanas do Brasil, em 1989, como se mostra a seguir:

TABELA 2. BRASIL URBANO: PORCENTAGENS DE INDIGENTES (I), POBRES MAS NÃO INDIGENTES (PnI) E NÃO POBRES (nP) EM 1989.

CATEGORIAS	I	PnI	nP	Total
1. Domicílios	11,03	22,52	66,46	100,00
2. Pessoas	14,26	24,71	61,04	100,00
3. Crianças (0 a 3 anos)	24,47	27,24	47,79	100,00
4. Domicílios com chefes negros e pardos	18,48	31,51	50,01	100,00
5. Domicílios com chefes brancos	05,96	16,39	77,65	100,00
6. Domicílios em N, CO e NE	19,62	30,42	49,96	100,00
7. Domicílios SE e S	07,30	19,07	73,62	100,00

Fonte: adaptado de Lopes (1992).

A Tabela 2 mostra em sua primeira linha que apenas um terço dos domicílios brasileiros em 1989 estavam abaixo de Po e, destes, mais de um terço estava também abaixo de In. À primeira vista, essas percentagens são inesperadamente baixas. Mas, se se olha para a segunda linha, descobre-se que as proporções de Indigentes e Pobres entre pessoas são maiores: quase quatro décimos estão abaixo de Po e mais de um terço destes também estão abaixo de In. E o quadro parece ainda pior quando o foco é sobre a situação das crianças (até 3 anos): mais da metade mora em domicílios abaixo de Po e, destes, quase a metade mora em domicílios Indigentes. O tamanho dos domicílios é inversamente proporcional à sua renda. O tamanho médio dos domicílios Indigentes era de 5,37 pessoas, de Pobres Não Indigentes de 4,55 pessoas e de Não Pobres era de apenas 3,82 pessoas. Domicílios indigentes eram na média aproximadamente 40% maiores que domicílios Não Pobres.

O número de crianças por domicílio também é inversamente proporcional à renda do domicílio. Seu número médio era 0,80 em domicílios Indigentes, 0,44 em Pobres Mas Não Indigentes e apenas 0,26 em domicílios Não Pobres. Parece que a fertilidade das famílias Indigentes é quase o dobro da das famílias Pobres Mas Não Indigentes e quase o triplo das famílias Não Pobres. Os individualistas acham óbvio que a indigência e a pobreza são em larga medida causadas pela alta fertilidade. Muitas dessas famílias estariam entre In e Po se não tivessem tantas crianças. Os estruturalistas, por sua vez, contra-argumentam que para as famílias que estão excluídas do mercado formal de trabalho e particularmente da Previdência Social, não há outra alternativa que "poupar" para sua velhice através do método de ter muitos filhos. E, dadas as chances de alta mortalidade precoce em domicílios indigentes, pode ser racional para eles terem uma grande prole. Como sempre, o debate é sobre a direção da causalidade: para um lado, pobreza e indigência são produtos do comportamento individual, incluindo a procriação; para o outro, pobreza e indigência são imposições sociais a que as pessoas podem simplesmente reagir.

As linhas 4 e 5 da Tabela 2 comparam as proporções abaixo de In e Po entre domicílios chefiados por pardos e negros e os domicílios chefiados por brancos. Entre os primeiros, apenas a metade está acima de Po, mas entre os últimos essa proporção alcança mais de três quartos. A proporção de Indigentes entre domicílios negros e pardos é mais que o triplo da que encontramos entre domicílios brancos. A proporção de Pobres Mas Não Indigentes era quase o dobro. Esses dados mostram que, no Brasil, os descendentes de escravos ainda são desfavorecidos, constituindo a maioria dos Indigentes e dos Pobres. Domicílios chefiados por negros e pardos eram apenas 40,50% de todos os domicílios, mas perfaziam 67,88% de todos os domicílios indigentes e 56,69% dos domicílios Pobres Mas Não Indigentes. Como a discriminação racial no Brasil é basicamente velada, os racistas interpretam esses dados como demonstrando que negros e pardos são realmente inferiores. Os não racistas, por outro lado, apontam que negros e pardos são duplamente prejudicados: a pobreza herdada nega-lhes acesso a escolas e bons empregos, enquanto a discriminação racial insidiosamente nega, aos poucos capazes de escapar daquela herança, as oportunidades de competir em igualdade pelas oportunidades existentes.

As duas linhas finais da Tabela 2 comparam domicílios localizados nas áreas menos desenvolvidas (N, CO e NE) com os situados nas mais desenvolvidas (SE e S). As diferenças quanto à incidência de indigência e de pobreza são igualmente grandes e, de fato, muito semelhantes às detectadas pela comparação racial. Nas áreas menos desenvolvidas, metade dos domicílios estão abaixo de Po e quatro quintos destes estão também abaixo de In. Nas mais desenvolvidas, apenas um pouco mais de um quarto era Pobre ou Indigente. As proporções das linhas 4 e 6 da Tabela 2 são tão semelhantes (o mesmo valendo para as linhas 5 e 7), que alguém poderia concluir que todos os domicílios chefiados por brancos estão nas áreas mais desenvolvidas, o que obviamente é um erro. Em 1990, a PNAD (Pesquisa Nacional por Amostra de Domicílios) descobriu que as proporções de negros e pardos entre a população urbana era de 68,3% no NE, 72,5% no N, 49,8% no CO, 31,7% no SE e 16,4% no S.

A maioria nas áreas menos desenvolvidas é de fato composta por negros e pardos e na mais desenvolvida por brancos, mas esta é apenas metade da explicação da "coincidência" das diferenças de acordo com as linhas racial e regional. A outra metade tem a ver com a interação de ambos os fatores estruturais: o racial e o regional. No Brasil, o desenvolvimento foi muito concentrado regionalmente, apesar de três décadas de esforços oficiais no sentido de inverter essa tendência. Onde o desenvolvimento foi fraco ou não existiu, a pobreza e a indigência tendem a prevalecer. A migração interna transferiu pessoas das áreas menos desenvolvidas para as mais desenvolvidas, mas também para a "fronteira", constituída principalmente pelo N e pelo CO. Os que migram tendem a ser relativamente mais integrados, deixando para trás os que *estruturalmente* têm uma probabilidade maior de serem excluídos. Dentre estes, negros e pardos devem estar fortemente representados.

O resultado final deste processo pode ser visto através das mudanças na distribuição regional de brancos, negros e pardos no longo prazo. Entre 1950 e 1980, a população brasileira branca cresceu 103,6%; na área mais desenvolvida (SE+S), ela cresceu 132,9%; enquanto nas menos desenvolvidas (NE+N+CO) o crescimento foi de apenas 60,9%. Durante estes 30 anos, a população parda cresceu mais, provavelmente graças aos efeitos da miscigenação: 232,0%. Este crescimento foi de 280,2% nas áreas mais desenvolvidas e um pouco menos – 212,3% – nas áreas menos desenvolvidas. A população negra, graças ao mesmo efeito, cresceu apenas 23,1% no Brasil, sendo que 35,6% na área mais desenvolvida e apenas 8,8% na menos desenvolvida. Durante essas três décadas de desenvolvimento intenso, a população branca concentrou-se na área mais desenvolvida: 71,7% dela já viviam aí em 1950 e 77,6% estavam em 1980; mas os negros e pardos viviam principalmente na área menos desenvolvida e *permaneceram lá*: 63,9% em 1950 e 63,4% trinta anos depois.

A evolução da pobreza

Para melhor entender os fatores que determinam os níveis de pobreza no Brasil, convém examinar sua evolução no tempo. Tal estudo foi feito por Maurício Costa Romão, da Universidade Federal de Pernambuco, no NE, que enfoca particularmente a evolução das desigualdades regionais (Romão, 1991). Sua metodologia é semelhante à usada por Lopes, de maneira que seus resultados são perfeitamente comparáveis. A base de dados de Romão são Censos de 1960, 1970 e 1980 e PNADs de 1983, 1986, 1987 e 1988.

TABELA 3. BRASIL: EVOLUÇÃO DO PIB PER CAPITA REAL E PROPORÇÃO DOS ABAIXO DA LINHA DE POBREZA ENTRE 1960-70-80 E 1980-88.

ANOS	PIB P.C. (1980=100)	P (%)
1960	45,3	41,4
1970	55,3	39,3
1980	100,0	24,4
1983	86,9	41,9
1986	99,6	28,4
1987	101,0	35,9
1988	98,9	39,3

Fontes: PIB per capita. IBGE. *Estatísticas Históricas do Brasil*, Rio de Janeiro, 1990 (pp. 118-120). *Percentagem abaixo de Po: Romão (1991)*, Tab. 8.

Em 1960, mais de 40% de todos os brasileiros eram pobres, ou seja, ganhavam menos do que o necessário para a satisfação de suas necessidades básicas. Dez anos depois, essa proporção diminuiu muito pouco. Durante os anos 60, o crescimento econômico do Brasil foi muito pequeno, devido à longa recessão de 1963-67. Em 1968, porém, teve início um *boom* econômico inédito, que ficou conhecido como o "Milagre Brasileiro", e que durou até 1976. O crescimento acelerado se manifesta no enorme crescimento do PIB per capita, na Tabela 3: de 55,3 em 1970 para 100 em 1980. O crescimento anual médio foi de 6,1%. Durante essa década, a incidência de pobreza também declinou fortemente: de 39,3% para 24,4%. Os dados para as primeiras duas décadas, na Tabela 3, indicam que o crescimento econômico foi um fator poderoso para a redução da pobreza no Brasil.

Durante os anos 80, o Brasil viveu um período de muita instabilidade e a pior recessão do século. Entre 1980 e 1983, o PIB per capita caiu 13,1% e a incidência da pobreza ultrapassou inclusive a de 1960. O efeito da recessão na disseminação da pobreza chega a parecer um exagero: em 1983, o PIB per capita era ainda quase o dobro do nível de 1960, conforme se vê na Tabela 3, mas a proporção dos abaixo de Po era de 41,9%, superior, portanto, à de 1960 (41,4%). A mesma correlação entre a incidência de pobreza comparada com o PIB per capita pode ser percebida nos anos seguintes. Em 1986 se deu o pico de uma pequena recuperação, que teve início dois anos antes. O PIB per capita quase voltou ao nível de 1980 e a proporção de pobres caiu para 28,4%. Foi o ano do Plano Cruzado, o primeiro esforço de estabilização heterodoxa, que fracassou no final. No ano seguinte, uma segunda tentativa fracassada teve vida curta e a tarefa de combater uma inflação exorbitante retornou às mãos da ortodoxia. Como resultado, a economia estagnou entre 1987 e 1988, como se pode ver na Tabela 3, mas a incidência da pobreza cresceu assustadoramente: de 28,4% em 1986 para 35,9% em 1987 e 39,3% em 1988.

Quando se olha para o começo e o fim das duas últimas colunas da Tabela 3, percebe-se que em 1988 o PIB per capita era próximo ao de 1980, o *pico pós-Milagre*, mas a incidência da pobreza era a mesma de 1970, quando *a maior parte dos efeitos econômicos do Milagre ainda não se haviam materializado*. Isso sugere que o crescimento econômico dos anos 70 foi bastante eficaz em reduzir a incidência da pobreza, mas a maior parte dessa redução foi perdida novamente na segunda metade dos anos 80. Trata-se de algo um tanto paradoxal, uma vez que o Brasil esteve sob uma ditadura militar durante os anos 70, quando conflitos distributivos eram (até 1978) severamente reprimidos, e desde 1985 o país retornou ao regime civil e à democracia.

A explicação deste paradoxo é que a instabilidade não foi apenas do crescimento mas também da distribuição da renda. Ao mesmo tempo, nos anos 80, quando a renda média estagnou, a renda dos pobres declinou. Observe-se a tabela abaixo:

TABELA 4. BRASIL: RENDA MÉDIA REAL DE TODAS AS PESSOAS COM RENDA, DOS 40% E 30% COM RENDA MAIS BAIXA, EM 1970, 1980, 1983, 1986, 1987 E 1988 (EM NÚMEROS-ÍNDICE: 1980=100).

ANOS	0 - 100	0 - 40	0 - 30
1970	57,0	58,2	59,3
1980	100,0	100,0	100,0
1983	84,6	57,0	70,2
1986	134,7	114,5	116,1
1987	103,2	81,0	78,0
1988	101,1	75,0	71,2
1989	129,7	95,4	95,4
1990	105,6	84,3	83,0

Fontes: IBGE. Anuário Estatístico do Brasil, 1982 (p. 706) e IBGE, Síntese de Indicadores Básicos da PNAD de 1990 (pp. 84-85).

A Tabela 4 mostra a renda média real de todas as pessoas com renda e dos 40% e 30% com renda mais baixa. Os resultados de Romão (Tabela 3) indicam que as pessoas abaixo da linha de pobreza devem estar entre 40% ou 30% com menores rendas. É, portanto, a evolução da renda destes últimos que interessa para o estudo do sobe e desce da incidência de pobreza.

A Tabela 4 mostra que entre 1970 e 1980 as rendas médias dos 0-100, 0-40 e 0-30 cresceram em proporções bastante semelhantes, o que não ocorreu depois de 1980. Em 1980-83, a renda média dos 0-100 decresceu 15,4%, mas a de 0-40 diminuiu 43% e dos 0-30 diminuiu 29,8%. Por isso é que em 1983 a incidência de pobreza retornou ao nível de 1960, enquanto o PIB per capita era ainda quase o dobro do nível daquele ano.

Em 1986, a renda média dos 0-100 aumentou 59,2%, a dos 0-40 dobrou e a dos 0-30 cresceu 65,4%. Os grupos de baixa renda recuperaram algumas das perdas relativas sofridas em 1980-83, mas não todas. Suas rendas médias em 1986 eram ainda algo em torno de 15% inferiores às de 0-100. A proporção dos abaixo de Po caiu de 41,9% em 1983 para 28,4% três anos depois, ainda acima do menor índice, de 1980: 24,4%.

Os dados da Tabela 4 nos ajudam a entender por que a pobreza aumentou tanto em 1987 e 1988 – de 28,4% para 35,9% e 39,3% – enquanto o PIB per capita permaneceu virtualmente o mesmo. A renda média, em 1986-88, dos 0-100 caiu 25% e as perdas das camadas pobres foram ainda maiores: os 0-40 perderam quase 35% e os 0-30 perderam 38,7%. Comparando a evolução do PIB per capita (coluna 2 da Tabela 3) com a da renda média dos 0-100 (coluna 2 da Tabela 4), vê-se que a última oscila muito mais que a primeira, após 1983. Embora a renda per capita nacional e a renda média pessoal sejam consideravelmente diferentes, como agregados gerais espera-se que seu movimento relativo não seja tão desencontrado. Assim, as grandes oscilações da renda individual parecem estranhas, quando comparadas com a curva do PIB per capita, que mostra a variação anual habitual de apenas um dígito. As oscilações inesperadamente altas da renda individual podem estar relacionadas à altíssima inflação posterior a 1986, que atingiu cerca de 1.000% em 1988 e ainda mais nos anos seguintes. Uma inflação tão alta afeta pesadamente as rendas individuais, diminuindo seu valor real – seu poder de compra – sempre que os valores nominais não sejam prontamente ajustados à subida dos preços. Como tais reajustes geralmente só eram feitos após algum intervalo de tempo, o valor real das rendas individuais de fato oscilou enormemente nesse meio-tempo.

Os dados das Tabelas 3 e 4 contam uma história de crise inflacionária, particularmente após 1986, e seus efeitos distributivos. A crise de 1981-83 teve um perfil diferente: a pressão do serviço de uma gigantesca dívida externa levou o último dos governos militares a desvalorizar a taxa de câmbio, dobrando a inflação; ao mesmo tempo, o governo fez o que pôde para conter os reajustes de salários, de maneira a preservar os efeitos de sua desvalorização relativa. Em outras palavras, a estratégia de ajuste *requereu um decréscimo dos salários reais*. Os resultados foram: uma melhora na situação da Balança de Pagamentos, uma longa e profunda recessão e a concentração de uma renda em franco processo de encolhimento e, *last but not least*, a decomposição política do regime militar.

Após 1985, os governos civis tentaram estabilizar a economia através do congelamento de preços e do equilíbrio de variáveis macroeconômicas, sem no entanto encarar os conflitos distributivos e questões que a altíssima inflação exacerbara. Cinco desses "planos" foram tentados entre 1986 e 1991 e redundaram em fracasso. Durante os limitadíssimos períodos em que tais planos obtiveram sucesso em reduzir a inflação, parece provável que as camadas pobres tenham obtido ganhos reais, recuperando algo de suas perdas inflacionárias anteriores. Contudo, tão logo a inflação voltava, aquelas camadas perdiam possivelmente mais do que haviam ganho antes. A oscilação da proporção dos abaixo de Po entre 28% e quase 40%, mostrada na Tabela 3, num período relativamente curto de 3 anos (1986-88), deve portanto ser verdadeira.

Acrescentamos, na Tabela 4, dois anos a mais, de modo a estender a análise até 1990. Em 1989, da mesma forma que em 1986, a renda média dos 0-100 experimentou grande crescimento, quase que inteiramente perdido no ano seguinte. As rendas médias dos 0-40 e dos 0-30 mostram a mesma evolução, com perdas em 1989-90 algo inferiores às dos 0-100. É provável que a incidência de pobreza tenha caído em alguma medida em 1989 (Lopes, como se viu na Tabela 2, encontrou 33,6%, comparados com 39,3% em 1988), tendo aumentado de novo no ano seguinte.

Nas condições brasileiras de altíssima inflação e extrema instabilidade, a extensão média da pobreza não é um conceito muito relevante. O que os resultados de Romão (1991) mostram é que a pobreza vem atingindo, desde 1983, uma faixa entre 28% e 42% da população.

Diferenças regionais quanto à pobreza

A incidência de pobreza é muito desigual entre regiões e cidades no Brasil. Trata-se agora de analisar essa característica da exclusão social através dos resultados de Lopes (1992) para as regiões urbanas e de Sonia Rocha (1991) para as áreas metropolitanas, reproduzidas pelo primeiro.

TABELA 5. INCIDÊNCIA DE POBREZA EM REGIÕES URBANAS E ÁREAS METROPOLITANAS EM 1989 (EM %).

Região	Área Metropolitana	Proporção de abaixo de Po
N e CO		49,38
	Belém	39,6
NE		60,12
	Fortaleza	40,7
	Recife	47,2
	Salvador	39,0
SE		31,48
	Belo Horizonte	27,2
	Rio de Janeiro	32,5
	São Paulo	20,9
S		25,16
	Curitiba	13,5
	Porto Alegre	21,0

Fonte: Lopes (1992), Tab. 4.

A incidência de pobreza varia de 60,12% no NE a 25,16% no S. Essas variações refletem as diferenças no nível de desenvolvimento e também nos graus diversos de concentração de renda. As diferenças quanto ao desenvolvimento podem ser avaliadas mediante a comparação entre a renda média de todos os indivíduos com renda em cada região e a renda média nacional. Em 1989, a renda média mais alta foi a do SE (12,9% acima da nacional), seguida pela do CO (7,5 acima da nacional). A renda média mais baixa foi a do NE: 37,7% abaixo da nacional. As outras duas ficaram no meio: no N, 4,3% e no S, 0,6% abaixo da média nacional. A única região claramente em descompasso com as outras é o NE, que é muito mais pobre ou menos desenvolvido (termos não necessariamente sinônimos) que as demais.

Como estamos interessados no estudo da pobreza, avaliam-se agora as diferenças regionais na distribuição de renda pela participação dos 40% mais baixos (0-40) e os 30% mais baixos (0-30) na renda de todos os indivíduos com renda (0-100). As maiores participações são encontradas no S: 8,64% dos 0-40 e 5,40% dos 0-30; em seguida, vêm o SE e o N: 8,00% e 8,09% dos 0-40 e 4,92% e 5,04% dos 0-30. As menores participações estavam no NE e CO: 7,16% e 6,80% dos 0-40 e 4,08% e 4,26% dos 0-30.

Certamente não é coincidência que a maior participação dos 0-40 e 0-30 na renda total estejam nas regiões com a menor incidência de pobreza. O mesmo pode ser dito quanto ao fato de a região NE, com a maior incidência de pobreza, ser uma das duas onde as participações dos 0-40 e 0-30 são as menores. A correlação entre desigualdade da distribuição de renda e proporção abaixo de Po não pode ser completamente estabelecida porque o N, onde a desigualdade era razoavelmente baixa, estava reunida com o CO, região que estava no lado da participação mais alta. Os dados sugerem que o principal fator determinante da alta incidência de pobreza no NE é o subdesenvolvimento, enquanto a menor desigualdade é o principal fator a determinar a incidência relativamente baixa de pobreza no S.

Nas áreas metropolitanas, as proporções de abaixo de Po são habitualmente menores que as regiões urbanas a que pertencem. As diferenças são notadamente grandes em Fortaleza e Salvador, onde a incidência de pobreza é um terço menor que no NE como um todo, e em Curitiba, área com menos pobreza, onde a incidência é quase a metade da do S. Por outro lado, há o caso do Rio de Janeiro, onde a proporção de abaixo de Po é ligeiramente *maior* que no SE. O crescimento econômico foi concentrado em algumas áreas metropolitanas e foi quase inexistente em outras. Metrópoles com economias decadentes parecem ser importantes geradores de pobreza. Deve-se notar que as diferenças entre áreas metropolitanas quanto à incidência de pobreza são maiores que entre regiões urbanas. Esse fato pode indicar que as diferenças internamente a essas regiões são maiores que entre elas.

Exclusão social por cor, gênero e região

Outras formas de exclusão social, fortemente associadas com a pobreza, são o analfabetismo, a ausência de escolaridade e o trabalho infantil. Trata-se agora de examinar essas formas e seu condicionamento a atributos pessoais como gênero, cor e região de residência.

**TABELA 6. COR, GÊNERO E REGIÃO DOS INDIVÍDUOS.
BRASIL: SE E NE EM 1990.**

ÁREA	TOTAL	BRANCOS	PARDOS	NEGROS
1. TAXA DE ANALFABETISMO DE INDIVÍDUOS COM 15 ANOS OU MAIS (%)				
Brasil	18,3	11,6	27,4	29,9
SE	11,1	8,4	16,3	21,0
NE	36,4	28,6	38,8	49,6
2. TAXA DE ESCOLARIDADE DE CRIANÇAS DE 10-14 ANOS (%)				
Brasil	87,2	87,9	80,8	77,6
SE	87,7	89,7	81,9	84,5
NE	78,8	83,7	77,6	71,0
3. TAXA DE PARTICIPAÇÃO DE CRIANÇAS DE 10-14 ANOS NA FORÇA DE TRABALHO (%)				
Brasil	18,54	14,99	19,96	20,56
SE	12,89	11,80	14,17	17,83
NE	22,04	18,45	23,07	26,60
4. RENDA POR GÊNERO E COR COMO PERCENTAGEM DA RENDA DO TRABALHO DE TODOS OS INDIVÍDUOS				
Total	100,00	129,1	61,3	53,3
Homens	117,8	153,3	71,4	62,4
Mulheres	67,8	86,2	42,1	38,8

Fonte: IBGE. Anuário Estatístico do Brasil, PNAD de 1990, 1992.

Em 1990, 18,3% de todos os indivíduos com idade igual ou superior a 15 anos eram analfabetos. Essa taxa é coerente com a evolução histórica. Ao final do século passado, a taxa de analfabetismo no Brasil atingia 85%, baixando para 65% nas primeiras décadas deste século, lentamente declinando para 56,11% em 1940, para 50,59% em 1950, 39,69% em 1960, 33,77% em 1970 e 25,98% em 1980. A modernização econômica e social trouxe a necessidade de as pessoas serem capazes de ler e escrever, que hoje é quase universal. Os que permanecem analfabetos são em sua maioria idosos ou socialmente excluídos. Em 1990, a taxa de analfabetismo das pessoas de idade igual ou superior a 50 anos era de 36,76%, enquanto entre os maiores de 15 e menores de 50 anos era de apenas 13,09%.

A segunda coluna da seção 1 da Tabela 6 mostra que a taxa de analfabetismo era de 11,1% no SE, mas 36,4% no NE. O analfabetismo era ainda significativo na região menos afetada pelo processo de modernização. O mesmo se percebe pela primeira linha dessa seção: o analfabetismo era baixo entre brancos, e muito maior entre pardos e negros. Nesta tabela, distingue-se pardos e negros e, como visto, as condições dos negros eram ainda piores que a dos pardos, embora a diferença geralmente seja pequena. As distâncias realmente grandes são sempre entre brancos e não brancos.

Quando se examinam conjuntamente os efeitos de cor e região, a desigualdade torna-se realmente enorme. As linhas 2 e 3 mostram que a taxa de analfabetismo era máxima entre os negros nordestinos (49,6%) e mínima entre os brancos do SE (8,4%), a primeira sendo 5,9 vezes superior à última. Brancos no SE são quase completamente alfabetizados e "modernos". Negros no NE ainda vivem num ambiente semelhante ao do Brasil de 1950. Pardos e negros analfabetos são provavelmente pobres, particularmente se vivem no NE. Sua exclusão pode ser classificada como "estrutural" (Lopes, 1992), já que são provavelmente filhos de analfabetos e podem passar adiante esse trágico legado deixando suas crianças fora da escola (esse é o tema da próxima seção).

A taxa de escolaridade de crianças de 10-14 anos no Brasil (seção 2 da Tabela) é grande: quase 90%. As diferenças entre brancos, pardos e negros eram bastante limitadas; mesmo as duas últimas categorias tinham aproximadamente 80% de suas crianças na escola. A escolaridade universal no Brasil parece hoje atingível, e os dados para o SE na segunda linha da seção 2 o confirmam. No NE, porém, esse objetivo parece um pouco mais distante, particularmente entre os negros, que tinham quase três décimos de suas crianças ainda fora da escola.

O melhor meio de se compreender a taxa de escolaridade é combinar sua análise com a da participação das crianças de 10-14 na força de trabalho, objeto da seção 3 da Tabela 6. A soma das taxas de escolaridade da seção 2 com as da participação na força de trabalho da seção 3 dá um resultado muito próximo de 100. Na verdade, os resultados da soma na segunda coluna (total) são:

Brasil 105,7; SE 100,6; NE 100,8. Na quarta coluna (pardos), por sua vez, temos: Brasil 100,7; SE 96,1; NE 100,7. Esses dados sugerem que *todas as crianças dessa faixa de idade que não estão na escola estão na força de trabalho*. Isso obviamente não é totalmente verdadeiro, pois muitas crianças conseguem combinar trabalho com frequência às aulas e outras não fazem nada disso.

Não obstante, a complementaridade dos dados das seções 2 e 3 confere força à hipótese de que a principal razão para que crianças de 10-14 não estejam na escola é a necessidade de trabalhar. O que implica, é claro, pertencerem a famílias pobres. A exclusão econômica dos pais gera a exclusão social dos filhos. Torna-se assim visível a forte imbricação das diferentes formas de exclusão. Pardos e negros são economicamente excluídos porque não têm capital e nunca tiveram chance de acumular. A modernização trouxe um arremedo de capital – "capital humano" – que em alguma medida abriu novas oportunidades de prosperar. Entretanto, a acumulação de "capital humano" depende de algumas condições, tais como uma oferta adequada de escolas públicas e um lar que satisfaça as necessidades infantis básicas. Os dados das três primeiras seções da Tabela 6 sugerem fortemente que as crianças negras e pardas no NE carecem de tais condições.

Consequentemente, os que crescem sem escolaridade provavelmente serão excluídos não só do mercado formal de trabalho, como também de todas as manifestações da vida cultural que pressuponham a alfabetização. Como a maioria deles provavelmente são não brancos, essa dupla exclusão reforça os preconceitos raciais vigentes.

A seção 4 da Tabela 6 indica que a discriminação de gênero e cor afeta a renda do trabalho no Brasil. A renda média dos homens é 73,75% superior à das mulheres, ao passo que a renda média dos brancos é mais que o dobro da dos pardos e negros. Os dois tipos de discriminação têm efeitos cumulativos. Quando se comparam os extremos, as diferenças dobram: homens brancos tinham uma renda média quase quatro vezes superior à das mulheres negras.

As diferenças de renda entre gêneros e entre raças são mais ou menos simétricas, mas a distância entre homens e mulheres brancos (77,84%) é um pouco maior que entre homens e mulheres pardos (69,60%) e homens e mulheres negros (60,82%).

Reforça-se assim a hipótese segundo a qual a discriminação ocorre principalmente onde há competição por melhores empregos ou posições. Não há discriminação contra mulheres e não brancos no que se refere a empregados domésticos, operários etc. Observa-se a discriminação quando posições mais prestigiadas e mais bem pagas estão em disputa. A seção 4 da Tabela 6 mostra que mulheres brancas estão provavelmente entrando em tais disputas: a renda média desse grupo era maior que a dos homens negros e pardos. Dados mais desagregados seriam necessários, contudo, para que se pudesse testar essa hipótese.

A vantagem dos dados sobre renda é que permitem *medir* os efeitos da discriminação de gênero e cor, ao menos em alguma medida. Mas a discriminação tem outros efeitos, menos quantificáveis mas nem por isso menos importantes. A segregação habitacional, aliás, provavelmente exclui domicílios chefiados por mulheres e por não brancos do acesso a serviços públicos escassos. A exclusão social como consequência de discriminação apresenta-se em múltiplas formas. Seus efeitos econômicos, tais como os refletidos nas diferenças em termos de renda, podem ser considerados representativos de outros efeitos. O fato de que a renda média dos indivíduos discriminados esteja em torno de metade da dos indivíduos não discriminados pode ser vista como um forte indício de que a discriminação no Brasil é um poderoso fator de exclusão social.

Exclusão devida à falta de escolaridade

Até agora, a exclusão social foi analisada do ponto de vista de fatores estruturais, como desenvolvimento regional desigual e a discriminação racial e de gênero. A escolaridade ou sua falta foi vista como uma espécie de variável intermediária, condicionada por fatores estruturais que contribuíam para reproduzir a exclusão dos grupos discriminados e desfavorecidos. Mas, sob a ótica da concepção individualista, o papel da educação é visto diferentemente. Presume-se aí que as rendas individuais são proporcionais à produtividade individual, supostamente determinada em grande medida pela educação. Assim, diferenças de renda precisariam ser explicadas principalmente pelo nível educacional.

Esta é, de fato, a conclusão de um estudo recente sobre o mercado de trabalho no Brasil nos anos 80, de autoria de Alejandra Cox Edwards (1993), financiado pelo Banco Mundial.

> No caso do Brasil, a evidência aponta muito claramente para as grandes diferenças salariais de acordo com níveis de escolaridade como o mais importante e persistente determinante da desigualdade de renda. (Edwards, 1993: 29)

Sua discussão foi baseada principalmente num exercício de autoria de Almeida Reis e Paes de Barros (1990), que trabalharam com os resultados de dez PNADs conduzidas entre 1976 e 1986 em áreas metropolitanas. Os autores concluíram que "a falta de escolaridade explica quase 50% da desigualdade salarial no Brasil metropolitano" (p. 29). Sua simulações, entretanto, mostram também que "... mudanças na distribuição de educação sozinhas não vão reduzir a desigualdade de renda. A desigualdade cai na medida em que as diferenças salariais ao longo de grupos educacionais diminuem." (Almeida Reis e Paes de Barros, 1990: 30).

Espera-se que essas diferenças se reduzam à medida que a oferta de mão de obra educada aumenta. No mercado de trabalho, a lei da oferta e demanda deveria, como de uso, determinar as taxas salariais. Se a mão de obra educada é escassa e a não educada é abundante, o salário da primeira deveria ser muito maior que o da última. Porém, se a escolaridade se expande, como é indubitavelmente o caso no Brasil, a oferta de mão de obra educada deveria crescer e a oferta de mão de obra não educada deveria diminuir ao menos em termos relativos, e os preços de ambos os tipos de mão de obra deveriam variar inversamente. Como observou Cox Edwards (1993), "a premiação do mercado associada à relativa escassez daqueles níveis educacionais (secundário e universitário)" deveria ser reduzida (p. 30). Esse não é, entretanto, o resultado do estudo de Almeida Reis e Paes de Barros (1990). Conforme relatou Cox Edwards (1993), a descoberta feita pelos autores citados de que "diferenças salariais por grupos educacionais eram grandes, embora estáveis, entre 1976 e 1985", é bastante surpreendente (p. 30). Ela reproduz uma tabela do estudo que mostra que, nesse período, "a distribuição da educação mudou muito pouco". Isso explicaria a estabilidade das diferenças salariais por grupos educacionais, o que levanta novas questões para Cox Edwards: "Por que essas diferenças salariais significativas não induziram uma taxa mais rápida do crescimento da educação?" (p. 32).

A ideia de que as mudanças na educação teriam sido pequenas, particularmente no Brasil durante o período analisado, não resiste a um exame mais detido. A tabela reproduzida por Cox Edwards mostra que a percentagem da força de trabalho metropolitana com 9 ou mais anos de escolaridade aumentou de 27,7% em 1976 para 33,5% dez anos depois, ou seja, trata-se de uma mudança relevante. Dentre todos os chefes de família, urbanos e rurais, a percentagem dos que têm nove ou mais anos de escolaridade aumentou de 9,8% para 16,5% entre 1976 e 1986, uma modificação ainda mais notável. Cox Edwards avalia o desempenho educacional do Brasil e conclui que "em comparação com uma amostra representativa de 21 países latino-americanos, e dados seus níveis correntes de PIB per capita, o Brasil ficou bem atrás quanto aos investimentos em educação" (p. 37). Não discordamos dessa proposição, mas ela certamente não corrobora a tese de que o nível de escolaridade da oferta de trabalho no Brasil estagnou. Isso certamente não aconteceu, embora pudesse e devesse ter crescido ainda mais.

Permanece, portanto, a questão: por que as diferenças de renda por níveis educacionais não diminuem? A resposta provavelmente é que a educação, afinal, não é "o mais importante e persistente determinante da desigualdade de renda". Esse papel é antes desempenhado pela riqueza herdada ou acumulada através de lucros, outros rendimentos de propriedade e/ou remuneração por serviços administrativos de alto nível. Grupos de alta renda são constituídos por executivos de grandes empresas, proprietários de firmas privadas, propriedades fundiárias ou investimentos financeiros de grande porte, dirigentes de agências governamentais e organizações sem fins lucrativos, além de um número limitado de artistas populares e astros esportivos. A maioria dos membros desses grupos tem escolaridade acima da média, pois nasceram em famílias razoavelmente bem de vida e portanto dispõem de motivação e recursos para acesso a uma educação superior.

Isso não significa que as grandes diferenças de renda por níveis educacionais sejam puramente coincidências. No interior das hierarquias profissionais de empresas públicas e privadas, bem como em organizações sem fins lucrativos, os critérios de admissão geralmente incluem um nível mínimo de escolaridade. Essa explicação só é suficiente para diferenças entre salários baixos e médios, e assim mesmo pode-se duvidar que a educação seja o determinante mais importante, uma vez que a influência de outros fatores, como local de moradia, gênero, raça, contatos pessoais e sorte pura também devem ser levados em consideração. A extremada concentração de renda no Brasil, porém, é causada primordialmente pela grande parcela da renda total apropriada pelos 1% e 5%, do topo da pirâmide, e aí a escassez de trabalhadores altamente educados explica muito pouco.

A abordagem individualista da exclusão social recomenda como um de seus principais remédios o investimento em educação, a fim de capacitar um maior número dos excluídos a acumular capital humano. A proposta sem dúvida merece todo o nosso apoio, mas outras propostas que visem uma melhoria imediata nas condições de vida dos pobres são igualmente recomendáveis. Como se viu na seção anterior, as famílias pobres não matriculam amiúde suas crianças na escola porque precisam de seus rendimentos. Além disso, as crianças dessas famílias costumam ter dificuldades de adaptação à escola, repetem o primeiro ano reiteradamente, até que desistem. Políticas de alimentação, habitação etc. ou de renda mínima para os necessitados são tão necessários como investimentos diretos em educação para aumentar os níveis educacionais da metade mais pobre da população.

Exclusão do emprego formal

Algumas das principais formas de exclusão social no Brasil são exclusões de instituições formais. Os excluídos são, desse modo, impedidos de usufruir dos direitos legais garantidos apenas àqueles que pertencem a essas instituições. Os favelados nas cidades, por exemplo, têm seu acesso aos serviços públicos negados até que "regularizem" sua posse. Empregados informais não têm acesso aos direitos assegurados pela legislação trabalhista, como a Previdência Social, Fundo de Garantia por Tempo de Serviço, o direito de serem representados por um sindicato, horas extras e vários outros.

A exclusão do emprego formal é particularmente importante no Brasil, primeiro, pela grande parcela da população que é atingida e, segundo, por *provavelmente estar crescendo*. Não parece provável que as outras formas de exclusão social examinadas até agora – pobreza, discriminação – estejam se expandindo. A exclusão do emprego formal, contudo, provavelmente é, em função de uma grande mudança estrutural em escala mundial, derivada da Terceira Revolução Industrial. Na medida em que o Brasil vem abrindo sua economia ao comércio e investimento exteriores, tais tendências possivelmente estão se reforçando.

Na última PNAD disponível (1990), todos os que estavam ocupados sem estarem formalmente empregados – empregadores, autônomos, empregados informais e mão de obra familiar – foram perguntados se gostariam de ter um "emprego com carteira assinada". As respostas a essa questão são cruciais para a distinção entre aqueles que trabalham em uma das categorias mencionadas acima *voluntariamente* e os que só o fazem por serem *incapazes de encontrar um emprego formal*. Tem-se, assim, pela primeira vez, uma medida global dos que se consideram excluídos do emprego formal contra sua própria vontade.

Em 1990, a População Economicamente Ativa somava 62,1 milhões, dos quais 26,2 milhões tinham empregos formais. Os 35,9 milhões (57,8%) restantes foram classificados como empregadores, autônomos, empregados informais e mão de obra familiar (da família do proprietário). Do total pertencente a esses grupos, 18,4 milhões (29,64% de todos os ocupados) declararam que queriam um emprego com carteira assinada. Portanto, três em cada dez brasileiros ocupados estão involuntariamente excluídos do emprego formal. Poder-se-ia argumentar que esses três décimos da população ocupada constituiriam um excedente da oferta de mão de obra do mercado formal de trabalho. Já que esse mercado absorvia 26,2 milhões, a oferta total daria uma soma de 44,6 milhões, dos quais 40% estão desempregados, embora ocupados. Tais dados permitem que se imagine a pressão do excedente de mão de obra que se faz sentir sobre o mercado de trabalho brasileiro.

TABELA 7. PROPORÇÃO DA MÃO DE OBRA OCUPADA SEM EMPREGO FORMAL E PROPORÇÃO DESTES QUE PREFEREM UM EMPREGO COM CARTEIRA ASSINADA, EM PERCENTAGENS. BRASIL, ÁREAS URBANAS E RURAIS, REGIÕES (1990).

LOCAL	OCUPADOS	S/EMPREGO FORMAL	PREFEREM EMPR. FORM.
Brasil			
urbano	100,00	48,65	24,55
rural	100,00	82,73	43,58
NE			
urbano	100,00	62,76	39,71
rural	100,00	89,23	56,67
SE			
urbano	100,00	42,34	19,09
rural	100,00	72,39	35,01
S			
urbano	100,00	45,60	19,81
rural	100,00	82,10	28,76
CO			
urbano	100,00	56,85	29,35
rural	100,00	79,74	39,74

Fonte: IBGE. *Mapa do Mercado de Trabalho no Brasil*, Rio de Janeiro, 1994.

Os dados da Tabela 7 estão divididos em área urbana e rural porque as condições são bastante diferentes de uma para outra. Praticamente todos os empregados formais – 23,4 milhões de um total de 26,2 milhões – situam-se em áreas urbanas. De toda a população ocupada na área urbana, menos da metade são empregados informais (primeira linha da Tabela 7). Na área rural, essa proporção é superior a oito décimos (segunda linha), mostrando que ali a grande maioria é composta por camponeses: trabalhadores de pequenas fazendas como proprietários ou posseiros. Os empregadores que formalizam contratos de trabalho são governos – municipais, estaduais e federal – e firmas de porte médio para grande. Tais empregadores operam basicamente em áreas urbanas.

Um quarto (24,55%) da mão de obra ocupada em áreas urbanas gostaria de ter um emprego formal. Esse número compreende metade dos que trabalham como empregadores ou mais provavelmente como autônomos, empregados informais e mão de obra familiar. A proporção média é muito maior no NE (39,71%) que na nacional (24,55%), um pouco maior no CO (29,35%) e menor no SE (19,09%) e no S (19,81%). A proporção mais significativa, porém, é a do excesso de oferta de mão de obra com relação à oferta total de mão de obra, dada pela soma dos que têm emprego formal e os que declaram que gostariam de tê-lo. São elas: 32,35% no Brasil urbano, 51,60% no NE, 25,28% no SE, 26,69% no S e 40,49% no CO. Essas percentagens revelam uma quantidade relevante de exclusão social como consequência do *déficit* de demanda por trabalho preparada para assumir plenamente as obrigações impostas pela legislação trabalhista.

No NE, estar formalmente empregado é quase um privilégio, pois menos da metade dos que desejam aquela condição de fato a usufruem. Mesmo no SE, entretanto, onde o excesso de oferta é apenas um quarto da oferta total, a pressão sobre os salários é considerável. Provavelmente a maior parte da oferta excedente é constituída por indivíduos não qualificados ou de baixa qualificação. A pressão que exercem é muito provavelmente a principal causa da enorme diferença entre salários, tão persistente apesar da atuação dos sindicatos.

Na área rural, 43,58% da mão de obra ocupada deseja um emprego formal sem tê-lo. Como há muito poucos empregos formais em áreas rurais, esses indivíduos devem ser considerados como potenciais migrantes para as áreas urbanas. Apenas 2,87 milhões de pessoas ocupam empregos formais na área rural, número insignificante se comparado aos 7,24 milhões adicionais que gostariam de tê-lo. Se se considera que todas essas pessoas estão se oferecendo para os poucos empregadores rurais que formalizam contratos de trabalho, então a oferta excedente no mercado formal de trabalho rural constituiria 71,61% da oferta total. Trata-se, porém, de uma hipótese irrealista. Os dados da Tabela 7 mostram que a quantidade limitada de empregos formais nas áreas rurais se concentra principalmente no SE (40%) e no S (24%) e provavelmente em algumas áreas dessas grandes regiões, onde há *agribusiness* desenvolvido. Fora dessas áreas, o desejo por emprego formal provavelmente implica a prontidão para a migração às cidades, de maneira a competir por ele.

Se essa hipótese estiver correta, o que a segunda seção da Tabela 7 diz é que há uma considerável oferta excedente de mão de obra em potencial, nas áreas rurais, que poderia juntar-se ao já grande excesso de oferta urbana, detectado na primeira seção. Em números absolutos, a oferta excedente em áreas urbanas abrange 11,2 milhões de pessoas, a que se deveria somar uma oferta excedente potencial de mais 7,2 milhões, *esperando*, por assim dizer, nas áreas rurais. Uma outra leitura desses dados sugere que a presença de uma oferta excedente de aproximadamente um terço no mercado formal de trabalho nas áreas urbanas está saturando esse mercado – particularmente para empregos que não exigem qualificação – em tal grau, que evita a migração da oferta excedente potencial em grandes contingentes para as cidades.

A informalização do emprego

Historicamente, a demanda no mercado formal de trabalho vem crescendo no Brasil como resultado do desenvolvimento de uma economia industrial capitalista. Essa foi a tendência ao menos desde os anos 30, quando a legislação trabalhista foi introduzida em ritmo acelerado, dando conteúdo à distinção entre emprego formal e informal. As obrigações impostas pela legislação implicam um custo que ultimamente vem se tornando mais pesado para os empregadores. Firmas maiores, em função basicamente de seu tamanho, não podem fugir desse custo. O emprego informal só é uma alternativa viável a pequenas firmas ou àquelas que só contratam mão de obra temporária, como fazendas em épocas de colheita ou empresas de construção, que empregam trabalhadores diferentes em cada fase do projeto. Na economia normalmente inflacionária do Brasil, a maioria das firmas acha normal registrar seus empregados e onerar o consumidor pelo salário indireto que são obrigadas a desembolsar.

Isso aparentemente se modificou no começo dos anos 90. Foi uma época de recessão e mais empresas (supostamente pequenas ou de tamanho médio) tornaram-se informais para escapar do pagamento não só dos salários indiretos, mas também dos impostos. Além disso, uma nova tendência ganhou importância: a assim chamada *terciarização*, que implica a substituição de empregados permanentes (na maioria formalizados) por fornecedores autônomos de serviços. Tanto a crescente informalização quanto a terciarização são tendências mundiais e resultam do consistente processo de abertura das economias nacionais à competição internacional e da revolução nas formas e conteúdos do trabalho trazidos pela informatização. Como consequência, o emprego formal no Brasil começou a encolher, enquanto o emprego informal e o trabalho autônomo aceleraram o ritmo de seu crescimento.

TABELA 8. EVOLUÇÃO DA OCUPAÇÃO TOTAL, EMPREGO FORMAL E INFORMAL, EMPREGO NO SETOR PÚBLICO, TRABALHADORES AUTÔNOMOS. GRANDE SÃO PAULO, NOV.1985-NOV.1994.
(MÉDIA ANUAL DE 1985 = 100)

ANOS	OCUPADOS	SETOR PRIVADO		SETOR PÚBLICO	AUTÔNOMOS
		FORMAIS	INFORMAIS		
1985	103,2	103,9	104,2	106,7	100,1
1986	112,0	114,1	113,2	102,3	116,3
1987	111,2	113,0	108,3	107,2	111,5
1988	115,4	118,9	120,8	111,2	116,5
1989	118,7	123,1	122,8	115,6	122,2
1990	118,8	118,4	124,3	121,6	132,5
1991	124,6	114,3	141,0	127,5	149,6
1992	121,4	105,5	140,4	128,0	153,0
1993	124,5	107,5	145,6	132,6	156,0
1994	127,9	111,7	171,3	125,8	159,5

Fonte: SEADE/DIEESE. *Pesquisa de Emprego e Desemprego na Grande São Paulo*, Novembro, 1994 (*Press Release of advanced results*).

Para que se possa analisar essa inversão de tendências, são necessárias séries históricas recentes. Felizmente, estas estão disponíveis na Pesquisa Mensal de Emprego e Desemprego (PED), conduzida conjuntamente pela SEADE e pelo DIEESE na Grande São Paulo há dez anos. Embora o foco esteja sobre o Brasil, as novas tendências citadas manifestaram-se primeiramente nos setores mais avançados da economia, de modo que se pode considerar a informação da Grande São Paulo como provavelmente representativa para as principais concentrações urbanas, de onde essas tendências estão se espalhando para o resto do país.

A segunda coluna da Tabela 8 mostra a evolução da ocupação total, forte indicador da evolução cíclica da economia. Em 1986, a ocupação cresceu fortemente, revelando o *boom* econômico de então. O emprego formal cresceu ainda mais – 10%! –, indicando que as antigas tendências vinham prevalecendo. Em 1987, a ocupação caiu um pouco e em 1988 teve uma fraca recuperação; foram anos de crise inflacionária e estagnação. O emprego formal e o informal seguiam os mesmos movimentos. Em 1989, quando ocorreu um mini-*boom*, tanto a ocupação como as diversas formas de emprego se expandiram. Entre 1985 e 1989, afirmou-se a tendência histórica: o emprego formal cresceu um pouco mais depressa (18,5%) do que o informal (17,9%) e a ocupação (15%).

De 1990 em diante, a economia entrou em novo período recessivo. A ocupação cresceu em 1991, mas foi uma expansão doentia, devida principalmente à entrada na força de trabalho de mulheres e crianças de chefes de família desempregados. A Tabela 8 mostra que em 1991 o crescimento na ocupação deveu-se principalmente ao crescimento do emprego informal e autônomo. Parece-me que foi *nesses anos de 1990 e 1991 que a nova tendência de encolhimento da demanda pelo trabalho formal se tornou estatisticamente significante*. Entre 1989 e 1992, o emprego formal na Grande São Paulo caiu 14,3%, o emprego informal cresceu 14,3% e o autônomo ainda mais: 25,2%. A substituição do emprego formal pelo informal e autônomo parece bastante provável.

Não obstante, o quadro se confunde graças ao movimento cíclico. Afinal, não é surpreendente esse tipo de substituição durante um período de recessão. Desde 1993, porém, a economia começou a se recuperar, como mostra o crescimento na ocupação. Durante os dois últimos anos, a economia brasileira passou por um modesto *boom*, e, como era de se esperar, o emprego formal na Grande São Paulo começou a crescer novamente. Desta vez, entretanto, o emprego informal e o autônomo cresceram bem mais. Como se pode ver nas três últimas linhas da Tabela 8, o emprego formal cresceu 5,9% entre 1992 e 1994, ao passo que o informal e o autônomo cresceram 22,0% e 4,2%, respectivamente. Parece claro que, apesar do *boom*, a demanda pelo emprego de mão de obra formalizada tende a decrescer devido a fatores estruturais, ao menos em termos relativos.

Dado, porém, o tamanho diminuto dos contingentes de empregados informais e autônomos, que diferença faz esse declínio relativo do emprego formal na composição total da força de trabalho ocupada? Os dados da Tabela 9 sugerem uma resposta.

TABELA 9. GRANDE SÃO PAULO: COMPOSIÇÃO DA FORÇA DE TRABALHO OCUPADA DE 1989 A 1993.
(INDICADORES: POPULAÇÃO OCUPADA = 100)

ANOS	TOTAL DE EMPREG.	SETOR PRIVADO		SETOR PÚBLICO	AUTÔNOMOS
		FORMAL	INFORMAL		
1989	72,0	53,0	9,1	9,9	15,6
1990	71,7	53,0	8,3	10,2	16,1
1991	67,5	48,2	9,2	10,0	18,1
1992	66,6	46,6	9,2	10,7	18,4
1993	65,7	44,8	9,5	11,2	18,7

Fonte: SEADE/DIEESE. *Pesquisa de Emprego e Desemprego na Grande São Paulo. Estudo especial. O mercado de trabalho na Grande São Paulo em 1993.*

A composiçao da *força de trabalho ocupada* na Grande São Paulo modificou-se acentuadamente durante os cinco anos referidos na Tabela 9. A parcela dos assalariados decresceu consistentemente, de 72,0% no começo da série para 65,7% ao seu final. A parcela dos autônomos cresceu, no mesmo período, de 15,6% para 18,7%, bem como as porções de outras categorias ausentes da Tabela 9, como empregadores e empregados domésticos (não incluídos na categoria de "todos os empregados"), que aumentaram em conjunto de 10,2% para 12,1%. O declínio da participação dos assalariados reverte uma das tendências clássicas do desenvolvimento do capitalismo, conhecido na literatura marxista como "proletarização da classe operária".

Caso persista, como parece provável, a nova tendência de "desproletarização" refletirá uma mudança profunda nas relações sociais de produção.

A composição da *força de trabalho empregada* (empregados domésticos excluídos) também sofreu uma mudança significativa. Empregados formais do setor privado constituíam 53% da mão de obra ocupada em 1989; quatro anos depois, eram apenas 44,8%. Esse fato mostra o notável declínio do emprego nas empresas privadas de porte médio para grande. Do ponto de vista dos que buscam um emprego formal, esse declínio foi parcialmente compensado por um aumento da participação dos empregados do setor público, todos eles, naturalmente, formais. Portanto, a participação total dos empregados formais (públicos e privados) diminuiu de 62,9% em 1989 para 56,0% em 1993, ainda uma redução dramática, se se pensa nos 18,4 milhões (Tabela 7) que em 1990 declararam querer um emprego formal sem tê-lo.

Voltemos, por um momento, ao excedente de oferta no mercado formal de trabalho. Em que posições trabalham? No Brasil, em 1990, 54,0% eram empregados informais, 30,5% eram autônomos, 13,7% eram mão de obra familiar e apenas 1,8% eram empregadores. Nada de se estranhar: a maioria já era de assalariados, embora sem registro em carteira, ou seja, sem acesso aos direitos garantidos por lei. No NE, a proporção de empregados informais é um pouco menor (49,0%) por causa de uma maior proporção de mão de obra familiar (17,1%), possivelmente em função da maior parcela de trabalhadores rurais naquela região. No SE, a diferença é exatamente o contrário: a participação dos empregados informais entre os que gostariam de ter um emprego formal é maior que a média nacional: 61,9% (Fonte: IBGE, *Mapa do mercado de trabalho no Brasil*, 1994).

Os dados mostram que a maioria dos que presumivelmente estão excluídos do emprego formal ganha suas vidas como assalariados informais ou autônomos e, em muitos casos, a distinção entre ambas as categorias pode ser um tanto nebulosa. *Freelancers* que trabalham para uma firma podem considerar-se tanto informalmente empregados quanto autônomos. De qualquer modo, sua aspiração é provavelmente um emprego mais sólido e o salário indireto que o acompanha, ao passo que muitas empresas privadas vêm passando por um processo de reorganização que reduz o número de empregados formais, substituindo-os pelos fornecedores externos. Por sua vez, os governos, outrora importantes provedores de empregos formais, também vêm passando por reorganizações semelhantes. Não há maneira de fugir à conclusão de que o número de excluídos do mercado formal de trabalho tende a aumentar, como resultado de uma oferta crescente se cruzando com uma demanda em encolhimento. O Brasil, como outros países, terá de reconstruir seu sistema de previdência social e legislação trabalhista partindo do princípio de que, no futuro, a maioria da população trabalhadora não terá contratos formais de trabalho para garanti-la.

Cabe agora confrontar essa análise com o enfoque individualista. Para tanto, retoma-se o estudo feito por A. Cox Edwards (1993) para o Banco Mundial. Ela retoma a evolução das legislações trabalhista e salarial, lembrando que os sindicatos no Brasil, desde a ditadura de Getúlio Vargas (1937-1945), usufruem de *status* oficial e do monopólio legal da representação dos trabalhadores. Ela acha que esse arranjo "tornou-se incompatível com um sistema orientado para o mercado. Aquilo que por um lado foram conquistas da organização dos trabalhadores acabaram, por outro, tornando-se restrições crescentes ao ajuste do mercado de trabalho." (p. 38). Certamente isso é verdade. A maioria daquelas conquistas tinha tais restrições como alvo. A observação de Cox Edwards implica que um ajuste irrestrito do mercado tem algo de otimizador, provavelmente porque seria o resultado do livre-arbítrio de todos os indivíduos participantes do mercado de trabalho.

Após discutir vários outros aspectos da legislação trabalhista brasileira, tais como normas regulando a negociação coletiva, greves e locautes, demissões e FGTS, "que em caso de demissão sem justa causa representa um dos mais generosos programas da América Latina" (p. 44), seguro-desemprego, benefícios da previdência e outras garantias e encargos trabalhistas, a legislação do salário-mínimo etc., Cox Edwards chegou à seguinte conclusão, entre outras:

> Dois fenômenos recentes têm caracterizado o mercado de trabalho brasileiro (...): o rápido crescimento da participação da força de trabalho no final dos anos 70 e a crescente *informalização* dos 80. Este trabalho sugere que esses dois fenômenos não são independentes; que, dados os altos impostos sobre o trabalho e a restrição imposta

pela indexação salarial, a *informalização* pode ser uma solução de mercado às pressões da oferta de mão de obra, por um lado, e às restrições do setor formal sobre a criação de emprego, por outro... (Cox Edwards, 1993: 62)

Como a informalização é considerada um fenômeno novo, típico dos anos 80 (embora nos pareça pertencer antes aos 90), a conclusão implica que os impostos sobre mão de obra e a indexação salarial teriam crescido marcadamente nos anos 80. A Constituição de 1988 expandiu alguns dos encargos trabalhistas, mas a indexação salarial, desde 1983, foi-se tornando crescentemente ineficaz porque a inflação se acelerou de tal modo que a indexação não era capaz de acompanhá-la. Os salários reais sofreram pesadas perdas durante todos esses anos. As folhas de pagamento diminuíram em valores reais, assim como os encargos trabalhistas, que são proporções fixas das folhas de pagamento. É portanto duvidoso que a nítida expansão do emprego informal e autônomo resulte principalmente de um crescente peso das taxas sobre a mão de obra e da indexação salarial. A maioria dos empregadores e seus porta-vozes oficiais vem enfatizando o papel dos custos trabalhistas, particularmente a contribuição para a Previdência, mas mesmo eles dificilmente culpam a indexação salarial como causa da informalização.

O enfoque individualista não leva em consideração que a "economia subterrânea" está se expandindo na maioria dos países e apresenta um caráter como que epidêmico, na medida em que a liberalização comercial força muitas empresas a realizar cortes nos custos trabalhistas sempre que seus competidores externos já tenham se informalizado ou tenham fornecedores e subcontratantes informais. A conclusão de Cox Edwards quanto a essa questão é, naturalmente, o contrário: "... importações intensivas em capital, fatores totalmente móveis de produção e preços flexíveis e uma redução das tarifas de importação induzirão uma realocação do trabalho para fora dos ramos em que aumentam as importações e um crescimento dos salários reais". (p. 61). O Brasil tanto exporta como importa principalmente bens manufaturados e é difícil dizer qual deles é mais intensivo em capital. A realocação do trabalho dos ramos de bens importados, presumivelmente rumo aos de exportação (que outro modo de se equilibrar a balança comercial?), pode trazer consequências de vários tipos, inclusive "um aumento dos salários reais", ruas, para que se tenha qualquer certeza de quais delas são as mais prováveis, seriam necessárias inúmeras simulações. Entretanto, a liberalização comercial no Brasil foi acelerada como uma estratégia de combate à inflação, e o fantasma do *dumping* social já surge ameaçadoramente em nosso horizonte. Os modelos estruturalista e individualista produzem sobre o tema cenários completamente opostos.

Pode-se considerar a exclusão do emprego formal como sendo um dos mais importantes processos da exclusão social. A abertura do mercado interno do Brasil à competição internacional, que começou em 1990 e se acelerou em 1994, está altamente correlacionada com tal exclusão. Isto é o que os dados da Tabela 10 fortemente sugerem.

TABELA 10. NÚMEROS DE TRABALHADORES INFORMAIS E DESEMPREGADOS, COMPARADOS COM A POPULAÇÃO ECONOMICAMENTE ATIVA. GRANDE SÃO PAULO.
(1989-1995, EM MILHARES)

Trabalhadores informais	outubro/89	outubro/93	outubro/95
Assalariados não registrados	597.1	651.3	730.8
Autônomos	1,023.5	1,282.1	1,318.0
Serviços domésticos	400.2	79.9	532.1
Total	2,020.8	2,413.3	2,580.9
Desempregados	517.0	1,098.0	1,102.0
População economicamente ativa	7,078.0	7,954.0	8,221.0
Proporção dos trabalhadores informais ou desempregados (%)	35.9	44.1	44.8

Fonte: SEADE/DIEESE. *Pesquisa de Emprego e Desemprego na Grande São Paulo*, Outubro, 1995; e cálculos da Tabela 9.

A exclusão do mercado formal de trabalho na mais importante metrópole do Brasil não pode ser totalmente atribuída à abertura do mercado interno, mas outros fatores, como recessão e recuperação econômica, não parecem ter tido um papel significativo. A economia cresceu vigorosamente em 1989, caiu de 1990 até 1992 e recuperou-se em 1993; entre 1993 e 1995, veio crescendo até março de 1995 e tornou a cair na recessão daí em diante. Nem a informalidade nem o desemprego reagiram a este sobe e desce, como ocorria antes da abertura do mercado interno. Como se pode ver, o desemprego mais do que dobrou entre 1989 e 1993, e permaneceu no mesmo alto patamar em 1993-1995. O trabalho informal cresceu sensivelmente no período 1989-1993 e permaneceu elevado em 1993-1995.

Estes dados não provam, contudo sugerem, que a abertura dos mercados não trouxe os efeitos benéficos sobre o trabalho que a abordagem individualista de Cox Edwards sugerira. A liberalização comercial facilitou a importação de equipamentos que economizam mão de obra. A maior parte do investimento industrial tem por objetivo aumentar a produtividade do trabalho, muito mais do que expandir o emprego.

Finalmente, seria necessário enfatizar que a tendência à informalidade tem também uma outra raiz: o cumprimento da legislação trabalhista foi sensivelmente debilitado. Longos anos de crises inflacionárias solaparam todas as funções do Estado e o resultado é um crescimento da sonegação fiscal e da informalidade nas relações de trabalho. A consequente "crise fiscal do Estado" reforçou a tendência de desmantelamento do aparelho estatal.

BIBLIOGRAFIA

COX EDWARDS, Alejandra. *Brazil. The Brazilian labor market in the 1980s*. Report nº 9693-BR, Documento do Banco Mundial, Washington DC., 1993.
IBGE. Anuário Estatístico do Brasil, 1982.
IBGE. *Síntese de indicadores da pesquisa básica da PNAD de 1990*, Rio de Janeiro (mimeografada), 1991.
IBGE. Anuário Estatístico do Brasil, 1992.
IBGE. *Mapa do mercado de trabalho no Brasil*, Rio de Janeiro, 1994.
LOPES, Juarez R. Brandão. *Brasil, 1989: um estudo socioeconômico da indigência e da pobreza urbanas* (mimeografado), 1992.
NOZICK, Robert. *Anarchy, state and utopia*. Basic Books Inc., Nova York, 1974.

ROMÃO, Maurício Costa. "Distribuição da renda, pobreza e desigualdades regionais no Brasil". *In:* Camargo, J. M. e Giambiagi, F. (ed.), *Distribuição de renda no Brasil*, Rio de Janeiro, Paz e Terra, 1991.

ROCHA, Sonia. *Incidência de pobreza nas regiões metropolitanas na primeira metade da década de 80*, Rio de Janeiro, IPEA/INPES, 1989.

SEADE/DIEESE. Pesquisa de Emprego e Desemprego na Grande São Paulo.

5. Uma solução não capitalista para o desemprego

A crise do desemprego

A atual crise do desemprego resulta da atuação de fatores há muito conhecidos numa conjuntura em que os remédios já testados não funcionam mais. A demanda por trabalhadores está se contraindo em setores beneficiados por inovações tecnológicas, entre os quais se destaca a indústria, mas que incluem indubitavelmente boa parte do terciário. Os robôs, o computador e a comunicação por satélite estão eliminando milhões de empregos no mundo inteiro e de nada adianta lamentar-se por eles. Estes ganhos de produtividade do trabalho beneficiam a todos e seria uma luta inglória tentar barrar o progresso técnico para manter seres humanos fazendo coisas que máquinas fazem mais barato ou melhor. Além disso, a globalização da economia está modificando a divisão internacional do trabalho. O perverso nisso é que os capitais estão se deslocando para as áreas em que o custo da força de trabalho é menor, onde não existem os benefícios sociais já consagrados em convênios internacionais, o que agrava a perda de empregos nos países em que os direitos trabalhistas existem e são respeitados.

No passado, a perda de lugares de trabalho em função do avanço tecnológico ou das mudanças na divisão internacional do trabalho foi compensada por redução da jornada de trabalho e por aceleração do crescimento econômico, que implica sempre o aumento da demanda por força de trabalho. Atualmente, é improvável que este tipo de medidas possa ser implementada com êxito, embora seja indispensável continuar lutando por elas.

A redução da jornada é difícil de ser conquistada por causa do número crescente de trabalhadores que estão perdendo o gozo dos direitos trabalhistas, em função não só do desemprego mas também do desassalariamento. As empresas estão empenhadas em economizar encargos trabalhistas mediante a transformação de empregados em prestadores de serviços ou autônomos subcontratados. Isso desmotiva os que ainda se acham formalmente empregados a reivindicar novos direitos, inclusive o encurtamento da jornada de trabalho. E ao mesmo tempo, a concorrência nos mercados de trabalho informal, precário, subcontratado etc. obriga os trabalhadores a fazerem jornadas muito longas, o que naturalmente os polariza em dois grupos: um que trabalha demais e outro que não encontra trabalho suficiente.

O fato é que o aumento do desemprego e a deterioração das relações contratuais de trabalho desequilibraram a correlação de forças a favor do capital e debilitaram as classes que têm interesse em acelerar o crescimento da economia mediante a aplicação de políticas de expansão da demanda efetiva e de fomento da acumulação de capital. Em nome da globalização, a movimentação internacional dos capitais é liberada, o setor público produtivo é privatizado ou desmantelado e a política monetária prioriza a estabilidade dos preços em detrimento do crescimento econômico. A economia mundial parece atualmente condenada a um crescimento "estável" de 2 a 3% ao ano, e as economias que se integram crescentemente a ela mediante a abertura de seus mercados dificilmente podem crescer muito mais.

Soluções capitalistas para o desemprego

Dentro deste contexto, as soluções propostas para o desemprego se limitam em geral a oferecer ao desempregado treinamento profissional e algum financiamento, se ele se dispuser a começar um negócio por conta própria. É preciso que fique bem claro que a maior qualificação dos trabalhadores, insistentemente reclamada pelos empregadores, não é solução para o desemprego. O aumento da qualificação não induz os capitais a ampliar a demanda por força de trabalho, pois esta depende basicamente do crescimento dos mercados em que as empresas vendem seus produtos. Se todos os trabalhadores desempregados incrementassem seu nível de qualificação, o único resultado seria uma concorrência mais intensa entre eles, com provável queda dos salários pagos. A qualificação maior interessa ao trabalhador individual para obter uma vantagem na luta por emprego, mas só traria vantagens aos trabalhadores em conjunto se fosse possível negociar escalas de salário que remunerassem melhor os de mais qualificação, sem reduzir o ganho dos menos qualificados.

A transformação de desempregados em microempresários ou operadores autônomos está em sintonia com a atual tendência descentralizadora, mas não dá aos entrantes em mercados, em geral já muito competitivos, uma chance razoável de sucesso. Falta aos novos competidores experiência profissional, conhecimentos de como operar um negócio independente, além de reconhecimento junto à clientela potencial. Por estas razões, apenas uma minoria dos que tentam este caminho obtém êxito. O alto grau de fracasso de pequenas empresas[1] não é fatal, no entanto. Para cada pequena empresa que consegue um lugar no mercado, há um acréscimo correspondente da demanda, representado pela renda que a pequena empresa gera e faz com que seja gasta. Em outras palavras, se pequenas empresas criadas por desempregados tivessem desde o início eficiência e clientela que as viabilizassem, a sua atividade geraria uma demanda adicional de mesmo valor que a oferta adicional de mercadorias que elas suscitam. A economia sofreria uma expansão sem risco de superprodução, a não ser que as novas pequenas empresas se concentrassem em apenas um ou poucos ramos.

Ao contrário de mercados dominados por grandes empresas, em que boa parte da renda "foge" para o exterior através da compra de fatores em outros mercados, muitas vezes geograficamente distantes – fato que a globalização vem acentuando –, os mercados em que prevalecem pequenas empresas apresentam elevado grau de realimentação, mediante a compra local de

---

[1] Para facilitar a exposição, usaremos daqui por diante a expressão *pequena empresa* para o conjunto de formas organizacionais (microempresas, operação individual autônoma, empresa familiar, cooperativa de produção, empresa comunitária etc.) caracterizadas por capital inicial limitado, compatível com poupanças familiares e financiamentos proporcionais a este montante de recursos próprios.

insumos e de bens de consumo final. Esta característica é muitas vezes deliberadamente organizada, pois a complementaridade entre pequenas empresas aumenta fortemente sua eficiência e competitividade. Em outras palavras, é possível organizar economias locais de razoável complexidade a partir da competição e da cooperação de grande número de pequenas empresas, como o demonstram "distritos industriais" prósperos na Itália, Espanha, Alemanha etc.

Os complexos econômicos constituídos por pequenas empresas têm grande capacidade de crescimento, sobretudo se puderem se basear no mercado formado pelos seus próprios trabalhadores. Mas eles têm esta virtude apenas por não adotarem a lógica capitalista, que equaciona eficiência e competitividade com lucro e confere o poder supremo de decisão a respeito da existência ou não da empresa nas mãos dos possuidores do capital.

Nos mercados dominados pelo capital, as pequenas empresas funcionam em geral como subsidiárias ou subcontratadas das grandes firmas. A expansão do número e da produção das pequenas empresas depende, nestes casos, do crescimento das grandes firmas. A multiplicação de pequenas empresas além deste limite aguça a competição entre elas, envolvendo-as num jogo de soma zero: cada avanço obtido por uma pequena empresa representa uma perda igual para outra ou outras. A competição aniquiladora entre as pequenas empresas só traz vantagens às grandes, que obtêm os serviços das primeiras a custos menores.

Historicamente, a solução extracapitalista para o desemprego foi a emigração. Países assolados por desemprego em massa, como a Itália e a Irlanda, no século passado, organizavam a emigração de parte de sua população redundante a países "novos", como os Estados Unidos, Austrália, Argentina, Brasil etc., onde os trabalhadores tinham oportunidade de se organizarem em pequenas empresas formando mercados locais. O dinamismo dos mercados dependia do fato de serem *protegidos da concorrência do grande capital* pelo seu relativo isolamento. As colônias italianas e alemãs que estão na origem da prosperidade do Rio Grande do Sul e de Santa Catarina são exemplos deste processo.

Na atual crise de desemprego, a solução emigratória não está mais disponível, mesmo num país relativamente "vazio" como o Brasil. A reforma agrária pode proporcionar o reassentamento de centenas de milhares de famílias, mas isso não é suficiente para resolver o problema de milhões de pessoas que não têm possibilidade de se inserir na divisão social do trabalho. Será necessário formular uma outra solução não capitalista para o desemprego, que substitua o deslocamento geográfico por estruturas organizacionais que ofereçam às pequenas empresas a proteção necessária para poderem se desenvolver.

Uma solução não capitalista para o desemprego

Para resolver o problema do desemprego é necessário oferecer à massa dos socialmente excluídos uma oportunidade real de se reinserir na economia por sua própria iniciativa. Esta oportunidade pode ser criada a partir de um novo setor econômico, formado por pequenas empresas e trabalhadores por conta própria, composto por ex-desempregados, que tenha *um mercado protegido da competição externa para* os *seus produtos*. Tal condição é indispensável porque os ex-desempregados, como se viu, necessitam de um período de aprendizagem para ganhar eficiência e angariar fregueses. Para garantir-lhes o período de aprendizagem, os próprios participantes do novo setor devem criar um mercado protegido para suas empresas.

Uma maneira de criar o novo setor de reinserção produtiva é fundar uma cooperativa de produção e de consumo, à qual se associarão a massa dos sem-trabalho e dos que sobrevivem precariamente com trabalho incerto. Quanto maior o número de empresas da cooperativa, tanto melhores suas chances de sucesso. Numa grande cidade como São Paulo, em que moram centenas de milhares de pessoas que estão subocupadas ou desempregadas, o novo setor poderia conter milhares de pequenas empresas operando em ampla gama de indústrias e serviços, da confecção de roupas, alimentos, material de construção, até a reparação de automóveis e aparelhos domésticos, reformas e manutenção de edificações, creches, clínicas, escolas etc. Atualmente é alto o desemprego entre ex-administradores de empresas, engenheiros, planejadores e outros profissionais especializados, que poderiam desde o início dar às novas pequenas empresas a base gerencial e técnica de que precisam.

Em cidades menores, o novo setor poderia alcançar envergadura mediante consórcio abrangendo um conjunto de municípios.

O compromisso básico dos cooperados seria o de dar preferência aos produtos da própria cooperativa no gasto da receita obtida da venda de seus produtos a outros cooperados. Para garantir este compromisso, as transações entre cooperados deveriam ser feitas com uma moeda própria, diferente da moeda geral do país, digamos um "Sol" (de solidariedade) em vez de "Real". O uso desta moeda, que só terá validade para pagar produtos do novo setor, dará a proteção de mercado que as pequenas empresas precisam para poder se viabilizar. Quanto maior e mais diversificado for o novo setor, tanto maior será o mercado à disposição de cada empresa especializada que o compõe. Será importante que haja várias empresas competindo pelos consumidores em cada ramo de produção *dentro do setor*, para que cada uma delas seja estimulada a melhorar a qualidade e baixar os custos. Só que a nova pequena empresa, criada por ex-desempregados, estará competindo com outras de mesma origem, sendo protegida da concorrência da grande empresa capitalista, do produto importado e inclusive de pequenas empresas estabelecidas há tempo, porque as mercadorias destes concorrentes "externos" não poderão ser compradas com "Sóis", mas apenas com "Reais".

Seria importante que a cooperativa de economia solidária contasse desde o início com apoio e patrocínio do poder público municipal, dos sindicatos de trabalhadores, das entidades empresariais progressistas e dos movimentos populares. Este patrocínio conferirá à cooperativa o prestígio necessário para atrair a adesão de um número grande de desempregados, sem o qual o novo setor não terá o vigor necessário para levantar voo. Além disso, o apoio do poder público será crucial para erguer instituições de ajuda à cooperativa, dentre as quais a mais importante será um "banco do povo", para garantir crédito às pequenas empresas e aos trabalhadores por conta própria que não têm propriedades para oferecer em garantia. Em lugar destas garantias, o banco do povo organizará grupos solidários, que poupam em conjunto e se responsabilizam solidariamente pelo pagamento de juros e principal dos créditos concedidos a seus membros.

A solidariedade como alternativa à lei de sobrevivência (apenas) do mais apto

O mercado protegido será uma condição necessária mas não suficiente para que o novo setor de economia solidária dê certo. O seu êxito não consistirá somente na mera sobrevivência das empresas e pessoas que o constituem, embora a sobrevivência no tempo já represente a solução para o desemprego, ou seja, a reintegração econômica – e portanto social – dos hoje marginalizados. Mas o objetivo almejado deve ser a criação de novas formas de organização da produção com lógica "incluidora", ou seja, capacitada e interessada em acolher sem limites novos cooperados, e que ofereça a estes uma chance real de trabalhar com autonomia e de ganhar um rendimento suficiente para ter um padrão de vida digno. Para alcançar este objetivo maior, será preciso adicionar ao mercado protegido o crédito solidário, a formação profissional e o aperfeiçoamento técnico continuado, além de serviços comunitários, como instâncias de arbitragem de disputas, câmaras que facilitem o entrosamento de empresas complementares das cadeias produtivas (por exemplo, entre confecções de produtos e varejistas dos mesmos), centros de pesquisas e de projetos, incubadoras de novas empresas etc.

Em outras palavras, o ponto de partida da economia solidária é o reconhecimento que *a causa maior da debilidade da pequena empresa e do autônomo é o seu isolamento*. O pequeno só é pequeno porque está sozinho. Quando muitos pequenos se unem, formam um gigante. Estas verdades são há muito conhecidas, mas elas só são aplicadas consequentemente pelas firmas capitalistas, mediante a centralização do capital, ou seja, pela contínua absorção de firmas menores por firmas maiores. Atualmente, a centralização do capital não exige a absorção das pequenas empresas, bastando que sejam subcontratadas ou franqueadas. O problema das novas formas de centralização de capital é que elas são tão excludentes como as que as precederam. Para cada pequena firma "organizada" pelo grande capital, várias outras são expulsas do mercado, simplesmente porque não cabem na demanda efetiva, determinada pela acumulação do grande capital. A ideia de criar uma economia solidária significa "organizar" unidades de produção, em geral pequenas, em função delas mesmas e não de um grande capital centralizador. Em outras palavras, a cooperativa desempenhará o papel de uma grande franqueadora múltipla, atuando em qualquer setor, mas que será possuída e comandada pelos próprios franqueados.

A cooperativa deveria aceitar em princípio qualquer membro que quisesse se associar, inclusive *empresa com assalariados*, porque ela também gera emprego e portanto serve ao fim maior da cooperativa, qual seja, o de resolver o problema do desemprego. Possivelmente, o assalariamento não corresponderá às preferências ideológicas da maioria dos cooperados, mas desde que ele seja espontâneo não deveria ser vetado. Em outras palavras, se a economia solidária der certo, ninguém será obrigado a se tornar empregado para sobreviver, já que sempre terá oportunidade de tentar a sorte como sócio de uma empresa pequena, ou de qualquer tamanho, ou ainda como autônomo. Se, nestas condições, pessoas preferirem trabalhar como empregados, elas não deveriam ser impedidas de integrar a economia solidária, o que significa que o patrão poderá ser cooperado, se assim o desejar. Esta é uma questão de princípio, pois o mais provável é que a grande maioria dos cooperados seja de "coletivos de trabalho", cujos membros repartirão responsabilidades, poder de decisão, ganhos e prejuízos.

A economia capitalista é de fato um espaço livre para a experimentação organizacional, o que possivelmente é uma das causas de seu inegável vigor. Mas o jogo competitivo capitalista tem um claro viés a favor do grande capital: é ele que usufrui de ganhos de escala, é ele que tem acesso privilegiado a novo capital, é ele que exerce influência sobre decisões de política econômica que promovem seus interesses. A economia solidária deve ser um outro espaço livre para a experimentação organizacional, porque só a tentativa e o erro podem revelar as formas organizacionais que combinam o melhor atendimento do consumidor com a autorrealização do produtor. Se estas formas organizacionais forem encontradas – e certamente serão muito diferentes da empresa capitalista –, haverá um boa probabilidade de que elas sejam a semente de um novo modo de produção.

6. Economia Solidária: geração de renda e alternativa ao liberalismo

Acumulação e geração de renda

Cada posto de trabalho, seja ele assalariado ou por conta própria, exige uma acumulação prévia de "capital" no sentido vulgar de meios de produção e de subsistência, produzidos *antes que o trabalho em questão dê algum fruto*. Esta talvez seja a lei mais geral da ocupação e que governa o montante de postos de trabalho disponíveis em qualquer economia nacional num determinado período de tempo. Para produzir, qualquer um precisa de ferramentas, equipamento, estoques de bens a serem processados ou prontos para serem vendidos e dinheiro para se sustentar até que o trabalho renda o suficiente para prover o sustento do trabalhador e de seus dependentes. Isso vale para a agricultura, indústria, comércio e serviços de toda espécie, inclusive os públicos.

A saga de Robinson Crusoé ilustra o alcance desta lei. O pobre náufrago, que alcança a terra firme com pouco mais que a roupa do corpo, precisa iniciar sua acumulação "original", o que exige o sacrifício de todo consumo que não o mais essencial. Só depois que Robinson se mune de ferramentas e reservas de provisões, ele pode pensar em melhorar seu padrão de vida. Na sociedade moderna, o patamar mínimo de acumulação original é um pouco melhor, graças ao seguro-desemprego e outras transferências que permitem a náufragos sociais recomeçar com um "capital" mínimo. Mas grande parte dos que não têm acesso aos meios de produção socialmente acumulados por firmas ou governos fica marginalizada em ociosidade ou semiociosidade, à espera de uma futura oportunidade de se reintegrar ao "emprego". O isolamento social e a falta de organizações de suporte à autoacumulação explicam a grande e crescente proporção de pessoas aptas e desejosas de trabalhar, que ficam relegadas ao limbo do "desemprego".

A geração de postos de trabalho no capitalismo contemporâneo deve-se basicamente a três acumuladores: o Estado, o capital e o autônomo. Outros acumuladores são ainda as famílias (que empregam domésticos), as entidades sem fins lucrativos e os empreendimentos coletivos, mas por enquanto a sua participação na geração de postos de trabalho é relativamente limitada. Vejamos resumidamente que leis regem a *acumulação estatal*, a *acumulação capitalista* e a *acumulação autônoma*.

A *acumulação estatal* gera um volume restrito de empregos diretos, que depende do montante e da orientação do gasto público. A maior parte deste emprego está na prestação de serviços de consumo coletivo, como educação, saúde e segurança. A demanda por estes serviços é muito grande e, devido à urbanização, cresce fortemente, porém os recursos de que dispõe o Estado (União, estados e municípios) são insuficientes para atendê-la. No Brasil, a enorme concentração da renda deveria permitir ao Estado captar uma parcela maior do excedente social mediante a tributação da minoria rica. Mas, politicamente, esta possibilidade está por enquanto excluída. Predomina no país o paradigma liberal que o Estado é ineficiente e corrupto, que a receita tributária é apropriada por marajás e desperdiçada em gastos que só favorecem clientelas. As entidades empresariais conseguiram convencer a opinião pública de que o Brasil tem excesso de impostos e que é preciso reduzir o chamado "custo Brasil" isentando as exportações de qualquer tributo, o que reduziu ainda mais a acumulação estatal. Para reduzir o déficit público, os governos dos três níveis estão cortando suas folhas de pagamento e, portanto, diminuindo o número de postos de trabalho.

A *acumulação capitalista* é responsável, no Brasil, por quase metade dos postos de trabalho. A empresa capitalista acumula tendo em vista três grandes finalidades: 1. ampliar a produção para vender mais e lucrar mais; 2. aumentar a produtividade, de modo a obter a mesma produção com custo menor; e 3. lançar produtos novos ou aperfeiçoados. A ampliação da produção implica aumento do emprego e o mesmo vale para o lançamento dos novos produtos. Mas a acumulação para o aumento da produtividade tem efeito oposto: mediante, em geral, tecnologia superior, a mesma produção é alcançada com menor número de empregados. Conforme o peso de cada modalidade de acumulação, o efeito total pode ampliar ou contrair o volume de emprego.

A acumulação que visa ampliar a produção e lançar novos produtos depende da dinâmica do consumo tanto interno quanto externo. As perspectivas de expansão das exportações são fracas porque o Plano Real neutraliza pressões inflacionárias mediante importações barateadas por um dólar desvalorizado em relação à moeda nacional. Desde julho de 1994, o Plano Real fez as importações crescerem muito mais do que as exportações, o que implicou uma transferência ao exterior de centenas de milhares de postos de trabalho.

O consumo interno, por sua vez, é função dos novos produtos e da repartição da renda. Novos produtos começam a ser adquiridos pela camada de renda alta, que tem recursos para gastar com novidades. No Brasil, os 10% de rendimentos mais elevados se apoderam de cerca de 50% da renda familiar total. A inovação e o aperfeiçoamento de produtos de consumo induzem esta camada a ampliar o seu gasto, o que motiva as empresas a investir, gerando mais postos de trabalho. Mas, ultimamente, esta indução ao consumo não tem sido forte, se comparada ao impacto da instalação da indústria automobilística em nosso país nos anos 50 e 60 e do barateamento das viagens internacionais mais recentemente. Nos últimos anos, só o computador pessoal apresenta intensa expansão de vendas e, como sabemos, uma andorinha só não faz verão...

Se fosse possível repartir melhor a renda, transferindo parte dela do décimo de privilegiados à base da pirâmide, onde se encontram os que não ganham sequer o suficiente para satisfazer as necessidades básicas, haveria um aumento do consumo equivalente à elevação do rendimento dos pobres. O que levaria as empresas capitalistas a acumular para expandir a produção, com aumento proporcional do emprego. Infelizmente, a redistribuição da renda foi apagada da agenda social do país. Pior, as reformas da previdência e da legislação do trabalho, propostas pelo governo, visam eliminar direitos que elevam a renda de aposentados e trabalhadores; se aprovadas, o seu efeito será concentrar a renda e deprimir o consumo.

Ultimamente, em função da estabilização dos preços, houve alguma melhora no poder aquisitivo das camadas de baixa renda, o que permitiu a expansão do consumo e consequente queda no desemprego. Infelizmente, não há qualquer perspectiva de continuidade da redistribuição de renda e do aumento do consumo. A lógica do Plano Real exige crescimento limitado do consumo para não agravar o desequilíbrio das contas externas. Em março de 1995, o governo federal arrochou o crédito para sufocar a expansão do consumo. Ele só suspendeu o arrocho mais de um ano depois, o que permitiu nova e moderada retomada do consumo, acompanhada por elevação do déficit externo em conta corrente. Se esta se intensifica, haverá novas medidas para conter o consumo.

Além disso, a abertura do mercado interno está forçando a indústria a acelerar ao máximo os investimentos para elevar a produtividade e desta forma competir com os produtos importados. O resultado tem sido um corte selvagem de postos de trabalho nas indústrias. A informatização bancária e a difusão do autosserviço nos estabelecimentos varejistas de grande porte também têm causado extensa eliminação de postos de trabalho. Não parece haver dúvida de que o Plano Real estimulou sobretudo a acumulação para aumento da produtividade, do que resulta uma tendência ao decréscimo do emprego capitalista.

A *acumulação autônoma* é a única que se rege pela oferta da força de trabalho. Na empresa familiar, o número de herdeiros é um motivador importante para a eventual expansão do estabelecimento. Por isso, no mundo inteiro e ultimamente no Brasil também, o setor autônomo – a produção simples de mercadorias – é a grande esperança para absorver produtivamente o contingente humano que o aumento de produtividade e a globalização vêm expulsando das empresas capitalistas. Os governos estão cada vez mais destinando recursos à reprofissionalização de desempregados e à provisão de capital inicial para que possam se estabelecer por conta própria.

Esta opção é viabilizada também pelo valor relativamente pequeno do capital necessário para gerar um posto de trabalho por conta própria. E o grande capital, hoje em dia, interessa-se também pelo crescimento da produção autônoma, como comprador de seus serviços. Grandes empresas têm terciarizado parte de suas atividades, despedindo os empregados que as executavam e passando a comprar os produtos ou serviços de produtores autônomos ou cooperativas, pequenas empresas etc.

Infelizmente, as esperanças de que a produção simples de mercadorias possa absorver parcela significativa do desemprego têm sido frustradas. Os mercados em que autônomos podem competir são poucos, limitados aos produtos que, pela sua natureza, não podem ser padronizados (e portanto não proporcionam vantagens à produção em grande escala). Estão neste caso o cultivo de hortaliças e frutas, a criação de pequenos animais, a montagem manual de brinquedos, a confecção de roupas, a venda de produtos de valor alto (joalharias, butiques, antiquários...), além de alguns serviços de reparação, educação, saúde e entretenimento. O resto é o "setor informal", composto por atividades semilegais, extremamente precárias e que deixa os seus produtores numa penumbra entre a marginalidade social e a superexploração do trabalho familiar em domicílio.

A maior parte dos desempregados que tenta gerar renda pelo trabalho autônomo ou fracassa, e perde o capital inicial que investiu, ou fica na penumbra. A proporção dos que têm sucesso é muito pequena, menos pelas insuficiências dos novos microempresários do que pela *saturação dos mercados em que tentam ganhar a vida*. Na época atual, a expulsão de numerosos trabalhadores das empresas capitalistas e das repartições públicas não pode deixar de suscitar um excesso de oferta nos mercados em que predomina a pequena produção autônoma. Nestes mercados, os milhões de excluídos do setor formal competem por uma clientela limitada.

Isso não aconteceria se a totalidade da economia fosse formada por produtores autônomos, pois neste caso cada novo produtor seria *ipso facto* um consumidor adicional. Mas o que prevalece na economia global é o grande capital, que domina a grande indústria, a grande agricultura, o grande comércio, as finanças etc. A maior parte da renda ganha na produção autônoma é gasta com produtos do grande capital, de modo que o limite da expansão daquela produção é dado pelo crescimento de um resíduo da procura total, que se volta aos seus produtos.

Em suma, a exclusão social aumenta nesta etapa da evolução do capitalismo em função de três tendências básicas: contração do emprego público, contração do emprego nas empresas capitalistas e crescimento muito menor da demanda pela produção autônoma do que seria necessário para integrar nesta os expulsos do setor estatal e capitalista.

Economia solidária, uma alternativa não capitalista

A fragilidade da produção autônoma reside em sua pequenez e isolamento. O fato de ela ser "autônoma" já implica dimensões reduzidas e inter-relacionamento apenas mediante intercâmbio no mercado. Este caráter da produção autônoma restringe brutalmente o acesso a tecnologias que exigem mais investimento e mais produção; ela exclui também a produção autônoma dos setores em que a "mão visível" da gerência integra mais eficientemente atividades especializadas do que a "mão invisível" da concorrência no mercado. Isso fica mais claro à luz do fato de que a grande empresa típica é algo como uma coleção de pequenas empresas, articuladas administrativamente. Qualquer grande indústria – montadoras de automóveis, aviões, navios ou "desmontadoras", como a petroquímica, os frigoríficos etc. – congrega grande quantidade de unidades produtivas complementares, constituindo uma cadeia produtiva inteira ou um segmento importante da mesma. Cada unidade se insere no todo sem as incertezas e os custos de transação com que arcariam se fossem comprar e vender isoladamente em mercados competitivos.

A vantagem decisiva da grande empresa sobre a pequena é provavelmente a possibilidade de desenvolver novas técnicas de processo e novos produtos para o conjunto das unidades integradas, por dispor das informações e dos conhecimentos que estariam dispersos e inacessíveis em função do segredo comercial, se cada unidade fosse uma microempresa em concorrência com as demais. Para o desenvolvimento destas técnicas e produtos, é preciso conhecer a situação dos mercados de consumo final – preferências e motivações dos consumidores – e as peculiaridades de cada etapa do processo produtivo, inclusive dos avanços tecnológicos em gestação. Tudo isso evidentemente está fora do alcance da pequena empresa isolada.

É possível organizar a produção em grande escala sem ser pelo molde do grande capital. Um exemplo clássico é a cooperativa de produção e de consumo. Mas há também experiências ainda mais coletivistas, como o movimento *kibutziano* em Israel. De uma forma geral, é possível e necessário encontrar formas de quebrar o isolamento da pequena e microempresa e oferecer a elas possibilidades de cooperação e intercâmbio que aumentem suas probabilidades de êxito. O nome genérico que damos a esta nova forma de organização econômica é *economia solidária*. A ideia básica é assegurar a cada um mercado para seus produtos e uma variedade de economias externas, de financiamento a orientação técnica, legal, contábil etc. através da solidariedade entre produtores autônomos de todos os tamanhos e tipos.

A questão do mercado é quase sempre crucial para os novos produtores autônomos, pois não são conhecidos e em geral não dispõem de clientela formada. Atuando em mercados já saturados, a concorrência avilta os preços tornando muito difícil sua sobrevivência. Dadas estas dificuldades, a solidariedade é a solução racional: um conjunto de produtores autônomos se organiza para trocar seus produtos entre si, o que dá a todos e a cada um maneira de escoar a produção sem ser de imediato aniquilado pela superioridade dos que já estão estabelecidos.

Um exemplo interessante é o LETS (Local Employment and Trading System – Sistema Local de Emprego e Comércio), criado no início dos anos 80 em *British Columbia* (Canadá) por Michael Linton. Um LETS, como diz o nome, é um sistema que congrega produtores em nível local, para intercambiarem seus produtos mediante crédito mútuo. O LETS publica periodicamente listagens dos produtos que os associados oferecem e dos bens e serviços que eles demandam. Isso facilita extraordinariamente o intercâmbio entre os membros, que passam a conhecer melhor o seu mercado, facilitando a adaptação a ele.

Todas as compras e vendas entre associados são a crédito, sendo as contas correntes registradas num microcomputador. Cada transação dá lugar a um crédito na conta do vendedor e um débito para o comprador. Na medida em que os associados intensificam o seu intercâmbio, novos débitos e créditos se somam aos anteriores e ao mesmo tempo se compensam. Um membro que vendeu a outros, digamos num mês, tanto quanto adquiriu dos mesmos ou de outros termina com saldo zero. O importante é que produziu e consumiu sem precisar fazer pagamentos em dinheiro oficial.

Um exemplo fictício, dado por Thomas Greco (*New money for healthy communities* – Nova moeda para comunidades sadias, Tucson, 1994), é o seguinte: Amy, que acabou de se associar ao LETS, manda regular o seu carro na Sarah, por 30 dólares "verdes" (moeda interna ao LETS) e mais 20 dólares oficiais para cobrir o custo das peças a serem substituídas; Amy também adquire um tratamento de acupuntura de John por 40 dólares verdes mais 10 dólares oficiais; e Amy, ao tomar conhecimento pela listagem que Harold está interessado em comida caseira, vende-lhe dois filões de pão e um saco de hortaliças por 15 dólares verdes. A sua conta corrente em dólares verdes terá um débito total de 70 e um crédito de 15, o que dá um déficit (saldo negativo) de 55. Neste momento, Amy não deve a Sarah e a John mas ao LETS 55 dólares verdes. Ela o pagará vendendo seus produtos a quaisquer associados que os desejem.

Está claro que o LETS viabiliza os negócios de Amy, Sarah, John e Harold ao se darem mutuamente crédito e preferência. Quanto maior o quadro associativo do sistema, maior é o mercado preferencial para cada associado e maior a probabilidade de cada um poder vender sua produção e com isso "pagar" suas compras no sistema. O maior LETS, quando Greco redigiu seu livro, era o de Auckland, na Nova Zelândia, com mais de 2.000 associados. Estes sistemas estão se difundindo rapidamente pelos países de língua inglesa. Havia 120 na Grã-Bretanha, 160 na Austrália, 60 na Nova Zelândia, 20 no Canadá, 20 na Irlanda e 10 nos Estados Unidos, em fins de 1993. É provável que hoje sejam muitos mais, pois o desemprego vem se agravando em vários destes países e o sistema local de emprego e comércio é uma resposta a ele.

Os LETSs não organizam apenas produtores individuais mas aceitam também empresas, cooperativas e outros tipos de organização e tendem a formar associações nacionais. Sendo uma experiência relativamente nova, os sistemas locais devem estar desenvolvendo novas formas de cooperação entre associados e o mesmo deve estar se dando entre sistemas de localidades distintas. Um governo estadual australiano destinou verba orçamentária para difundir os LETSs como forma de combater o desemprego.

Um ponto provavelmente delicado é a possível permanência, por longos períodos, de saldos negativos e positivos, sobre os quais atualmente os LETSs não cobram nem pagam juros. Apenas exercem certa pressão moral sobre os membros ao divulgar os seus saldos periodicamente. Enquanto o sistema for estritamente comunitário, com todos os membros se conhecendo pessoalmente, talvez isso baste. Mas, quando o sistema atingir dimensões grandes, será necessário adotar normas mais impessoais e provavelmente cobrar e pagar juros sobre saldos, para que haja incentivos para equilibrá-los.

No caso do LETS, a moeda comunitária é puramente escritural, igual à que os bancos emitem para os clientes. Thomas Greco relata também outras experiências em que a moeda comunitária é papel-moeda. Uma das mais interessantes é a de Paul Glover, que emite em Ithaca, no estado de Nova York (onde se encontra a Universidade de Cornell), uma nota chamada *Hour* ("Hora") e que deve representar o valor de uma hora de trabalho, por enquanto equivalente a 10 dólares. Glover publica um tabloide em que traz notícias locais e anúncios de produtos ofertados e procurados a serem pagos em "Horas". Os anúncios podem ser pagos em "Horas" ou dólares. Cada anunciante recebe como prêmio 4 horas (equivalentes a 40 dólares) e é encorajado a gastá-los.

O projeto foi lançado em novembro de 1991 e dois anos depois 4.200 "Horas" já tinham sido emitidas e estavam circulando entre 800 participantes. A nota de uma "Hora" é uma imitação da de 1 dólar e traz no verso: *"Tempo é dinheiro. Esta nota dá direito ao portador de receber uma hora de trabalho ou seu valor negociado em bens ou serviços. Por favor, aceite-a e depois gaste-a"*. E em letra menor: "As 'Horas' de Ithaca estimulam a economia local ao reciclar nossa riqueza localmente e elas ajudam a financiar a criação de novos postos de trabalho. As 'Horas' de Ithaca são lastreadas em capital real: nossas habilidades, nossos músculos, nossas ferramentas, florestas, campos e rios". Transcrevi os dizeres da nota de Paul Glover não porque sejam curiosos mas porque exprimem proposições racionais e factíveis.

O dinheiro nacional é emitido pelo Estado e sua quantidade é cuidadosamente limitada para evitar inflação. O resultado é que *o volume de moeda e de crédito é insuficiente para circular todo potencial produtivo da população*. No capitalismo contemporâneo, praticamente todos os governos, ante o dilema de desencadear pressões inflacionárias ou provocar desemprego, optam pelo segundo. O resultado é que as taxas de desemprego estão subindo e as de inflação baixando. Na realidade, seria possível ter pouco desemprego e pouca inflação ao mesmo tempo, se a sociedade fosse organizada para exercer controle sobre os mercados e impedir que as pressões inflacionárias se materializem. Mas esta possibilidade está momentaneamente descartada pela vaga liberal, que rejeita qualquer controle social dos mecanismos de mercado.

O que as experiências de organização da produção autônoma mediante crédito mútuo estão mostrando é que a política recessiva de moeda e crédito pode ser anulada em alguma medida por iniciativas locais. Estas experiências em sua maioria são recentes e restritas. Para enfrentar a política recessiva no plano nacional e lograr uma redução significativa do desemprego, a luta pela organização dos excluídos terá que alcançar o plano político. Será preciso eleger governos municipais, estaduais e federal que deem prioridade ao combate ao desemprego através do apoio concreto a todas as formas de economia solidária. Mas antes será necessário reforçar e multiplicar as iniciativas surgidas no seio da sociedade civil, para que a proposta de economia solidária ganhe visibilidade e possa atrair apoio das forças que se opõem à exclusão social.

Um exemplo importante da interação entre luta política e iniciativas das bases são as empresas autogeridas pelos trabalhadores, que recentemente se organizaram no Brasil na ANTEAG (Associação Nacional dos Trabalhadores das Empresas Autogeridas). O seu modelo são os ESOPs *(Employee stock ownership plans* – Planos de participação dos empregados no capital das empresas) que vêm se multiplicando nos Estados Unidos desde 1974, quando foi aprovada lei concedendo incentivos fiscais às firmas que abrissem seus capitais à participação de seus trabalhadores. Dez anos depois, 7.000 empresas empregando cerca de 10% de toda a força de trabalho do país tinham se tornado propriedade parcial de seus empregados. Cerca de um quarto destas empresas, com 90% dos empregados beneficiados por ESOPs, tinham uma participação minúscula destes em seu capital.

A intenção do senador Russel Long ao propor incentivos aos ESOPs era democratizar a propriedade do capital, até então fortemente concentrada nas mãos de 0,5% da população – possuidora, em 1976, de cerca de metade de todo capital acionário do país. (Estas informações provêm de J. Logue, J.B. Quilligan e

B. J. Weissmann, BUYOUT[1] *Employee ownership as an alternative to plant shutsdowns: the Ohio experience* – BUYOUT Participação dos empregados na propriedade como alternativa ao fechamento de fábricas: a experiência de Ohio –, Kent, Ohio, Kent Popular Press, 1985.) Mas a crise industrial que acometeu os EUA revelou uma outra utilidade dos ESOPs: a de evitarem o fechamento de fábricas. Quando empresas chegam a um estado pré-falimentar, o seu fechamento puro e simples representa prejuízo total ou quase para os proprietários. Uma forma de diminuir o prejuízo é vender a firma aos empregados, usando o fundo de pensão, ou doando o patrimônio em troca do débito trabalhista. Nos EUA, a legislação favorável aos ESOPs facilitou a transferência de empresas aos empregados, que passam a operá-las em regime de autogestão, *evitando a perda dos empregos*!

Em nosso país não há legislação de apoio à compra de empresas pelos empregados, mas nem por isso elas deixam de acontecer. A crise industrial que acometeu o Brasil particularmente nos anos 90, após a abertura do mercado interno, levou inúmeras empresas à falência, ou quase, e um certo número delas acabou passando à propriedade total ou parcial de seus empregados para não fechar. Em 26/2/97, a *Folha de S.Paulo* noticiou que "a Cristais Hering passou a semana passada o controle da empresa para seus funcionários. Com dívidas e sem conseguir pagar os salários desde dezembro (somente 50% foram pagos na última 6a.feira), a empresa decidiu que esta seria a melhor alternativa para evitar maiores reduções do quadro de empregados. A Cristais Hering funciona atualmente em cogestão, já que manteve 49% do controle. 'Como a empresa é artesanal, se a mão de obra participar da gestão da empresa, a chance de aumentar a produtividade é maior', afirma John Koch, presidente. Ele diz que desde quarta-feira, quando começou a cogestão, a produção já aumentou de 7.000 para 10.000 peças/dia." (pp. 2-16).

As empresas oferecidas aos trabalhadores em geral apresentam graves carências: defasagem tecnológica, equipamento desgastado, falta de competitividade geralmente em relação a

---

[1] A palavra 'buyout' significa a compra da participação no capital dos outros sócios.

produtos importados etc. A autogestão ou cogestão não é uma panaceia que resolve todas as dificuldades, embora seja verdade generalizável o dito pelo presidente da Cristais Hering: quando os trabalhadores administram a empresa, a produtividade aumenta. É preciso dotar a auto ou a cogestão de grande criatividade e eficiência para que a empresa consiga superar os óbices que ameaçam sua existência, o que não é fácil dada a inexperiência gerencial dos trabalhadores. Por isso, os trabalhadores das empresas autogeridas criaram a ANTEAG, que as assessora e prepara para ter sucesso na luta concorrencial. Atualmente, cerca de 20 empresas autogeridas estão filiadas à ANTEAG, que recebe continuamente novos pedidos para preparar projetos de autogestão de empresas que ou serão assumidas pelos trabalhadores ou serão liquidadas.

Esta forma de luta contra o desemprego tem muitos pontos em comum com a organização de produtores autônomos (e empresas capitalistas ou coletivas) em sistemas de crédito mútuo e comércio recíproco. O principal deles é a prática da solidariedade em lugar da competição. Na empresa autogerida, a preservação dos postos de trabalho substitui a lucratividade como objetivo máximo. Os trabalhadores-gestores se dispõem a fazer sacrifícios, eventualmente abrindo mão de salários mais elevados, para que todos possam continuar trabalhando. Na empresa capitalista, os empregados competem por promoções, prêmios de produção, lugares de chefia. Na empresa auto ou cogerida a confiança mútua e a ajuda mútua são vitais para recuperar a competitividade, não há possibilidade de alguns se beneficiarem em detrimento de outros.

Os mesmos princípios se aplicam a cooperativas e a sistemas de emprego e comércio (como o LETS). Nestes últimos, o ganho de cada membro depende diretamente do ganho dos outros: quanto maior for o número de membros, quanto maior e mais diversificada for a sua produção, quanto maior o fluxo de compras e vendas, tanto maior será a chance de sucesso de cada produtor individual associado ao sistema. Este fato fica logo claro e induz a solidariedade entre os membros. Ao contrário do mercado capitalista, em que a quebra de um concorrente aumenta a clientela potencial dos demais, num LETS, a quebra de um membro reduz a clientela e o quadro de fornecedores dos demais.

A economia solidária na luta contra o desemprego e na competição sistêmica

O capitalismo está atualmente passando por uma ampla transformação nas relações de produção, desencadeada pela desindustrialização e pelo desassalariamento. O aumento brutal do desemprego é a primeira consequência. Mas todos compreendem ou ao menos intuem que este desemprego não é conjuntural, temporário, transitório. A grande empresa capitalista, mergulhada em mercados globalizados, defende-se pela reestruturação. Dela resulta que apenas uma minoria de trabalhadores, que ocupa os lugares mais elevados da hierarquia ou que detém qualificações raras, continuará usufruindo plenamente da condição de *empregado*. A maioria se divide em duas partes: uma terá um novo relacionamento com a empresa, como fornecedor eventual ou subcontratado ou ainda como trabalhador temporário; a outra será descartada.

Nesta situação, a luta clássica contra o desemprego, através da redução da jornada de trabalho, é extraordinariamente difícil, embora não deva nem possa ser abandonada. É que, durante o processo de reestruturação, a redução da jornada encarece o emprego assalariado, induzindo muitas empresas a optar por formas mais baratas e mais *precárias* de adquirir força de trabalho. Se isso ocorrer, o efeito da redução da jornada poderá ser perverso pois reduzirá o emprego assalariado formal em lugar de expandi-lo. O movimento operário necessita encontrar outras estratégias de luta contra o desemprego e a exclusão social, inclusive para restabelecer no mercado formal de trabalho um equilíbrio menos desfavorável entre oferta e demanda.

A construção da economia solidária é uma destas outras estratégias. Ela aproveita a mudança nas relações de produção provocada pelo grande capital para lançar os alicerces de novas formas de organização da produção, à base de uma lógica oposta àquela que rege o mercado capitalista. Tudo leva a acreditar que a economia solidária permitirá, ao cabo de alguns anos, dar a muitos, que esperam em vão um novo emprego, a oportunidade de se reintegrar à produção por conta própria individual ou coletivamente. O excesso de oferta de força de trabalho solapa as organizações sindicais e confere aparente credibilidade à tese liberal de que todas as conquistas legais de direitos trabalhistas causam a diminuição da demanda por trabalho assalariado. Eliminado este excesso, os sindicatos poderão recuperar representatividade e poder de barganha. Este é o argumento tático a favor da economia solidária. Mas a ele se adiciona outro, de longo alcance. Se a economia solidária se consolidar e atingir dimensões significativas, ela se tornará competidora do grande capital em diversos mercados. O que poderá recolocar a competição sistêmica, ou seja, a competição entre um modo de produção movido pela concorrência intercapitalista e outro movido pela cooperação entre unidades produtivas de diferentes espécies contratualmente ligados por laços de solidariedade. Sem guerra fria, sem ameaça atômica, os homens voltarão a poder escolher e experimentar formas alternativas de organizar sua vida econômica e social.

APRENDER ECONOMIA

Paul Singer

Se saber economia é hoje uma necessidade, nada melhor do que um livro preocupado com as pessoas comuns que, na maioria das vezes, não conseguem entender o "economês" que ouvem ou leem por aí. Em *Aprender economia*, o renomado economista e professor titular da USP, Paul Singer, trata a economia numa linguagem acessível e, didaticamente, consegue transmitir conhecimentos indispensáveis ao exercício da cidadania.

Cadastre-se no site da Contexto

e fique por dentro dos nossos lançamentos e eventos.
www.editoracontexto.com.br

Formação de Professores | Educação
História | Ciências Humanas
Língua Portuguesa | Linguística
Geografia
Comunicação
Turismo
Economia
Geral

Faça parte de nossa rede.
www.editoracontexto.com.br/redes

Promovendo a Circulação do Saber